W0046961

Hesse/Schrader

Selbstbewusstsein

Woher es kommt –
wie man es stärkt
und erfolgreich einsetzt

 Eichborn

Die Autoren
Jürgen Hesse, Jahrgang 1951, ist geschäftsführender Diplompsychologe im
Büro für Berufsstrategie, Berlin.
Hans Christian Schrader, Jahrgang 1952, Diplompsychologe in Berlin.

Anschrift der Autoren
Büro für Berufsstrategie
Hesse/Schrader
Oranienburger Straße 4–5
10178 Berlin
Tel. 030 / 28 88 57-0
Fax 030 / 28 88 57-36
www.berufsstrategie.de

3   4   5   09   08

© Eichborn AG, Frankfurt am Main, März 2005
Umschlaggestaltung: Christina Hucke
Lektorat: Ulrich Callenberg, Frankfurt
Gesamtherstellung: Fuldaer Verlagsanstalt, Fulda
ISBN 978-3-8218-3896-0

Eichborn Verlag, Kaiserstraße 66, 60329 Frankfurt am Main
Mehr Informationen zu Büchern und Hörbüchern aus dem Eichborn Verlag
finden Sie unter www.eichborn.de

Inhalt

ERSTER TEIL:

EIN NICHT GANZ
THEORETISCHER HINTERGRUND

WARUM SELBSTBEWUSSTSEIN
HEUTE WICHTIGER IST DENN JE

Selbstbewusstsein, Selbstachtung, Selbstwert, Selbstvertrauen, Selbstsicherheit, Selbstbehauptung, Selbstliebe und auch der neue Terminus Selbstwirksamkeit: Viele Begriffe umkreisen die Frage nach den eigenen Stärken, Grenzen und nach dem Vertrauen in die eigenen Fähigkeiten, wie auch nach dem Vertrauen, das wir bereit sind anderen gegenüber aufzubringen. Eine Frage, mit der immer mehr Menschen hadern, zumal die wirtschaftliche Lage es deutlich schwerer macht, das eigene Selbstbewusstsein mit beruflichen Erfolgen zu füttern.

Denn in der westlichen Welt wird der Mensch mit den Maßstäben der Wirtschaft gemessen: Er ist eine »Ich-AG«, ein Unternehmer in eigener Sache. Sein Wert bemisst sich danach, wie viel Umsatz, wie viel Gewinn er bringt, über welche Kontakte er verfügt, wie groß die Nachfrage nach seiner Leistung ist. Je mehr er vom Wert seiner selbst überzeugt ist, desto leichter fällt es ihm, ein gutes Gehalt zu fordern, interessante Jobs zu bekommen, Karriere zu machen.

Umgekehrt gilt: Wer nicht an sich selbst glaubt, bringt es in der Wirtschaftswelt nicht weit. Und wer nichts wird, ist selber Schuld. Glück, Erfolg, Ansehen – früher galten sie als göttliche Geschenke oder als von der gesellschaftlichen Schicht abhängig, in die man hin eingeboren wurde, heute wird jeder selbst dafür verantwortlich gemacht.

Kein Wunder also, dass der Wunsch nach einem großen, stabilen Selbstwertgefühl (wir verwenden im Umgangsdeutsch eher den Begriff »Selbstbewusstsein«, meinen aber nichts anderes als »Selbstwert«) größer ist denn je. Zum vermeintlichen Glück hält der Markt »Hilfsmittel« parat: »Weil ich es mir wert bin« lässt etwa die Kosmetikfirma L'Oréal durch Topmodels wie Claudia Schiffer verkünden. Als ob sich Selbstbewusstsein ins Gesicht cremen ließe. Zusätzlich kann man auf teure Automarken, Luxusurlaube, mit Reptilien verzierte Polohemden oder limitierte Armbanduhren zurückgreifen, um zu zeigen: Das ist mein Wert. Oder man umgibt sich mit berühmten Persönlichkeiten, einem attraktiven Partner oder einer attraktiven Partnerin, bemüht sich um Titel und Ehrungen oder um Präsenz in den Medien.

Die Crux dabei: All diese Äußerlichkeiten sind nur Krücken für unser Selbst. »Unser Selbstwertgefühl wird nicht durch den Applaus anderer geschaffen«, stellt der Therapeut Nathaniel Branden klar, der mehrere Bücher zum Thema Selbstbewusstsein geschrieben hat. »Ebenso wenig durch Belesenheit, materiellen Besitz, die Ehe, die Elternschaft, philanthropische Bemühungen, sexuelle Eroberungen oder dadurch, dass wir uns das Gesicht liften lassen.« Das Tragische im Leben vieler Menschen sei, »dass sie überall nach einem Selbstwertgefühl suchen, nur nicht in ihrem Inneren«.[1]

Das ist nicht nur ein persönliches Drama, sondern auch ein wirtschaftliches Problem. Denn heute arbeiten immer weniger Unternehmen nach dem Prinzip des Ford-Zeitalters: Da sagt der Chef, was getan werden muss, und die Mitarbeiter führen dies aus. »Flache Hierarchien« und »Projektarbeit« sind die Schlagworte des modernen Managements. Und dies bedeutet: Immer mehr Verantwortung wird in die unteren Hierarchieebenen delegiert, zu den Sachbearbeiterinnen in den Büros und den Technikern am Band.

Diese müssen jetzt selbst wissen, was sie zu tun haben, wie sie ihre Aufgaben am besten fertig bringen. Sie entscheiden heute über Budgets, sie müssen mit Kunden verhandeln, mit anderen Abteilungen kommunizieren und kooperieren. Dazu brauchen sie nicht nur mehr Fachwissen als vorher, sondern sie müssen verstehen, wer in ihrem Unternehmen was macht und wie alles mit allem zusammenhängt. »Prozessverständnis« nennt das Constanze Kurz vom Soziologischen Forschungsinstitut (SOFI) in Göttingen, die den Strukturwandel der Arbeit von Ingenieuren in der Industrie untersucht hat: »Sich rasch und situationsbezogen Informationen und Wissen aneignen zu können.«

Daneben seien Konfliktfähigkeit und Durchsetzungsvermögen gefragt, denn in dem modernen Geflecht zwischen verschiedenen Abteilungen und Projekten im eigenen Unternehmen und auf Kundenseite gebe es mehr »Widersprüchlichkeiten und Konfliktstoff« denn je. »Weiche« Kompetenzen wie Motivationsfähigkeit, Entscheidungsfreude, Überzeugungskraft, Eigeninitiative seien vor diesem Hintergrund zu »harten Erfolgsfaktoren« geworden. Und diese sind ohne Selbstbewusstsein nicht zu haben.

Wer zu den Gruppen zählt, die auf dem Arbeitsmarkt immer noch benachteiligt sind, hat Selbstbewusstsein besonders nötig. Zum Beispiel Frauen: Sie verdienen nach wie vor rund ein Drittel weniger als Männer, auch wenn sie genau den gleichen Job machen und exakt so viel Erfahrung haben wie ihre Kollegen. Dass sie bis in die Vorstandsebene aufsteigen, ist eher unwahrscheinlich. Migrantinnen haben es noch viel schwerer, aber auch Männer mit Migrationshintergrund haben deutlich schlechtere Karrierechancen. Außerdem alle, die nicht hundertprozentig gesund sind, die sich aus religiösen Gründen anders verhalten, als hiesige Arbeitgeber das erwarten – die Liste der so genannten Randgruppen ist lang. Und doch gelingt es einigen von ihnen immer wieder, sich selbst zu behaupten. Trotz aller Widerstände.

Selbstbewusstsein, ein positives Selbstwertgefühl und damit verbunden Selbstbehauptung im Beruf ist heute aber nicht nur für Randgruppen eine Herausforderung, sondern für alle. Die Wirtschaft wandelt sich immer schneller, weil ein Unternehmen, das Erfolg haben will, innovativ sein muss: Alle Produkte und Dienstleistungen, aber auch alle Prozesse müssen auf dem neuesten Stand gehalten werden, am besten schon auf dem Stand von übermorgen. Zusätzlich verlangen die Kunden immer mehr nach spezifischen Lösungen für ihre Probleme. Das können etliche Unternehmen alleine nicht mehr leisten – zumal auf den meisten Märkten ein knallharter Preiskampf tobt. Auch deshalb gehen sie strategische Kooperationen mit anderen Unternehmen ein.

Und das ist noch nicht alles: Internationale Kontakte gehören heute zum normalen Geschäftsalltag, sogar in mittelständischen Betrieben. Es müssen die geschäftlichen Umgangsformen der asiatischen oder amerikanischen Kunden bekannt sein, schnelles Umschalten-Können auf englische oder spanische Kommunikation gehört zum guten Ton. Wer da unbeholfen, gar unsicher reagiert, wird schnell ausrangiert, befindet sich schnell im Abseits.

Flache Hierarchien, flexible Kooperationen, permanente Innovation, weltweites Wirtschaften – für Mitarbeiter und Manager bringt das eine hohe Belastung mit sich: Kaum haben sie sich an bestimmte Abläufe und Zuständigkeiten gewöhnt, wird alles wieder »über den Haufen« geworfen und neu aufgebaut. Viele fürchten dabei, den Überblick zu verlieren oder etwas von ihrem mühsam errungenen Kompetenzbereich abgeben zu müssen. Sie haben Angst, auf neue Ansprechpartner zuzugehen oder sich zu blamieren, weil sie sich im neuen System noch nicht gut auskennen.

»Herausgefordert werden unsere Kreativität, Flexibilität, die Schnelligkeit unseres Reaktionsvermögens, die Fähigkeit, mit Veränderungen fertig zu werden, die Fähigkeit, über die eigene Nasenspitze hinauszusehen, die Fähigkeit, das Beste aus anderen herauszuholen«, fasst Nathaniel Branden zusammen. Und er bringt es auf den Punkt: »Wirtschaftlich gesehen ist es eine Herausforderung an unsere Innovationsbereitschaft – und darüber hinaus an unsere Managementqualitäten. Psychologisch gesehen ist es eine Herausforderung an unser Selbstwertgefühl.«[2]

Die Wirtschaft verändert sich aber nicht nur immer schneller, sie ist auch abrupten Brüchen unterworfen: Plötzlich meldet der Arbeitgeber Insolvenz an, von heute auf morgen wird unser Projekt eingestellt, die Firma wird an die Konkurrenz verkauft, eine Innovation macht unseren Arbeitsbereich oder ganze Berufszweige überflüssig, die Aktienoption ist nichts mehr wert. Im internationalen Kontext können wir die Augen nicht davor verschließen, dass ganze Volkswirtschaften zusammenbrechen, dass es Terror gibt und sogar Krieg. In solchen Zeiten ist es wichtiger denn je, das eigene Selbstbewusstsein, das Selbstwertgefühl eben nicht zu eng an den Erfolg in der Wirtschaftswelt zu knüpfen. Viel zu schnell ist das, was wir uns aufgebaut haben, verloren – ohne dass wir Einfluss darauf nehmen könnten.

Der krisengeschüttelten Wirtschaft zum Trotz: Bei uns haben heute mehr Menschen als früher die Chance auf Bildung und die Chance, ein Vermögen zu erwirtschaften.

Kurz: Die Chance, selbstbestimmt zu entscheiden:

▶ Will ich das tun, was meine Eltern oder Freunde mir sagen, oder will ich meinen eigenen Weg gehen?
▶ Will ich die Rolle(n) spielen, die andere für mich vorgesehen haben, oder will ich neue Ausdrucksformen probieren?
▶ Will ich mir meines Ichs bewusst werden und meine Möglichkeiten ausschöpfen?

Wir meinen: Sie sollten diese Chancen nutzen. Vielleicht kennen Sie schon unseren Wahlspruch »Wir sind nicht auf der Welt, um so zu sein, wie andere uns haben wollen«.

Aber, mögen Sie einwenden: Menschen mit ausgeprägtem Selbstbewusstsein haben auch ihre Schattenseiten. Das ist in der Tat so, die Chemnitzer Psychologieprofessorin Astrid Schütz konnte es belegen. »Menschen mit hohem Selbstwertgefühl kehren ihre negativen Eigenschaften gern unter den Teppich und sparen bei anderen nicht mit Kritik«, erklärt Schütz. Außerdem geben sie ihre Schwächen ungern zu und überschätzen die Sympathien, die ihnen entgegen gebracht werden. Drei Gruppen unterscheidet Schütz in Sachen »Ego«: »Die einen sind mit sich und der Umwelt im Reinen, die anderen stehen auf wackeligen Beinen und sind durch Misserfolge leicht zu erschüttern, die dritte Gruppe wähnt sich überlegen und bezieht ihr Selbstbewusstsein aus der Abwertung anderer.«

Ein starkes Selbstbewusstsein zeigt sich aber nicht darin, eigene Ziele mit Brachialgewalt durchzusetzen. »Ein erhebliches Potenzial an Sensibilität gehört dazu«, betont die Psychologin und Karriereberaterin des Büros für Berufsstrategie Monika Bühler-Wagner, die regelmäßig Seminare zum Thema »Mehr Selbstbewusstsein im Job« gibt. Fehle das bei Managern oder Mitarbeitern, komme es zu »mangelnder Sensibilität in der Kommunikation« und zu Selbstüberschätzung.

Das Sich-selbst-bewusst-Werden ist das Ergebnis eines schonungslosen Erkenntnisprozesses. Selbstbewusstes Handeln ist ein bewusstes, aufrechtes, verantwortliches Handeln. Das ist mühsam, denn Sie müssen nicht nur Widerstände von außen überwinden, sondern auch Ihre eigene Trägheit. Wer selbstbewusst lebt, lebt auch ein Stück weit ein anstrengenderes Leben.

Aber Sie haben etwas davon: Endlich tun Sie das, was Sie schon immer tun wollten, sich aber bisher nicht getraut haben (getreu Karl Valentin: Gewollt hätt ich schon, nur trauen hab ich mich nicht getraut). Sie stellen sich auf Ihre eigenen Füße und merken, dass Sie stark sind. Sie hören auf zu jammern und übernehmen die Verantwortung für das, was Sie tun und lassen. Sie entdecken neue Seiten an sich selbst, Sie brechen zu neuen Ufern auf. Ganz ohne Rückschläge geht das natürlich nicht – aber Sie lernen daraus. Und dabei wachsen Sie täglich weiter über sich hinaus.

Es geht also auch um den Glauben, der bekanntlich Berge versetzen kann, der Glaube an die eigene Kraft, das eigene Können. Die Überzeugung und sichere Zuversicht, die Dinge aus eigenem Tun in den Griff zu bekommen, umgangssprachlich seines »eigenen Glückes Schmied« zu sein. Es ist das Phänomen der *Selbstwirksamkeit*, die Gewissheit, durch das eigene Handeln auch schwierige Situationen glücklich zu meistern.

Kein erfolgreicher Forscher, Erfinder, Künstler oder Spitzensportler kommt ohne dieses psychische Konstrukt aus, eine Fähigkeit, die der amerikanische Sozialpsychologe Albert Bandura *Self efficacy* nennt und wir hierzulande mit dem noch recht neumodisch klingenden Kunstwort Selbstwirksamkeit belegen.

Selbstwirksamkeit stützt sich auf die positive (Lebens-)Erfahrung, aktiv erfolgreich etwas bewirken zu können und nicht passiv hilflos ausgeliefert, nicht hoffnungslos pessimistisch gehandicapt zu sein, sondern selbst Verantwortung übernehmen und erfolgreich Probleme angehen zu können.

Wir brauchen für die Bewältigung des Alltags Hoffnung und Zuversicht. Wir wissen, wie sehr wir darauf angewiesen sind, aktiv und optimistisch an Probleme heranzugehen. Wer sich selbst Mut machen kann, Durchhaltevermögen aufbringt und mit einer positiven Gelassenheit die schwierigen Dinge des Lebens angeht, setzt sich besser durch, verbucht mehr Erfolge, gehört eher zu den Siegern. Ob es das Lösen eines beruflichen Problems oder eine private, persönliche Herausforderung ist, immer wieder erfordert die Auseinandersetzung das Sichherumschlagen mit Problemen, Mut, Selbstvertrauen, Zuversicht und eben die Überzeugung, dass wir es schaffen können. Dass wir »das Zeug« dazu in uns haben, dass es auf uns selbst ankommt, dass es in unserer Macht und Möglichkeit steht. Hier geht es nicht nur um das schiere Wollen oder unschuldige Hoffen, etwas zu bewirken, etwas zu erlangen, sondern um das ausgeprägte Lebensgefühl, um das (Selbst-)Bewusstsein, die beinahe Gewissheit, über das Vermögen zu verfügen und in der Lage zu sein, etwas aktiv Positives zu bewirken. »Es gibt nichts Gutes, außer man tut es«, hat Erich Kästner getextet und damit eine Art Credo für die Selbstwirksamkeit geschaffen.

STÄRKEN UND BESONDERHEITEN ENTDECKEN

Das Meeting hat längst begonnen, da öffnet sich die Tür mit Schwung. »Sorry, meine Damen und Herren, ein wichtiger Anruf«, strahlt der Assistent des Geschäftsführers in die Runde. Er ist groß, gut aussehend, gut angezogen und offensichtlich gut gelaunt. Er nickt seinem Chef freundlich zu, wählt einen Sitzplatz, knöpft sein Jackett auf, setzt sich und breitet in Ruhe seine Unterlagen vor sich aus. Dann lehnt er sich entspannt zurück. Einige Sekunden später schnellt er aus seinem Sitz hervor. »Zu diesem Problem habe ich eine interessante Erkenntnis gewonnen«, klinkt er sich in die laufende Diskussion ein. »Wenn ich Ihnen das kurz erläutern darf ...« Er steht auf und geht herüber zum Flipchart, blickt wieder freundlich von einem Teilnehmer zum nächsten, zeichnet ein Diagramm. »Zugegeben, ziemlich ungelenk, meine Damen und Herren«, lacht er, »meine Stärken liegen eher im analytischen Bereich, das wissen Sie ja ...«

Noch einmal die gleiche Szene, aber aus einer anderen Perspektive:

»O Gott, das Meeting läuft seit fünf Minuten, ich komme zu spät, wie peinlich, schon wieder ein Minuspunkt beim Chef«, rast es der Sachbearbeiterin durch den Kopf, während sie im Laufschritt zum Konferenzraum hastet. »War es Raum 51 oder 52?«, fragt sie sich unsicher, als sie vor der Tür angekommen ist. Sie klopft zaghaft an. »Ja, bitte!?«, donnert es gereizt von drinnen. Der Sachbearbeiterin rutscht das Herz in die Hose. Sie drückt langsam die Klinke herunter, öffnet die Tür einen Spalt und lugt in den Raum. »Entschuldigung«, flüstert sie, huscht in die hintere Ecke, wo sie noch einen freien Platz erspäht hat. Auf ihrem Weg dorthin bleibt sie mit der Fußspitze an einem Kabel hängen, lässt vor Schreck ihre Unterlagen fallen und wird puterrot. »O nein, auch das noch, ich kann einfach gar nichts richtig machen«, kommentiert sie sich leise selbst. Sie setzt sich, blickt verschämt vor sich auf den Boden und wünscht sich nichts sehnlicher, als einfach unsichtbar zu sein.

Es gibt sie in jeder Abteilung: die smarten Aufsteiger, die grauen Mäuschen. Dabei ist nicht auszuschließen, dass die verhuschte Sachbearbeiterin ihr BWL-Studium schneller und mit besseren Noten abgeschlossen hat als ihr Kollege aus der Mahagonietage. Dass sie ihre Bücher immer rechtzeitig in der Bibliothek zurückgegeben und sich vorbildlich sozial engagiert hat, während er vor allem seinen Spaß und seine Vorteile im Sinn hatte. Und jetzt verdient er doppelt so viel wie sie, jettet durch die Welt, arbeitet an spannenden Projekten und trifft interessante Leute, während sie im Büro versauert. Warum das so ist?

Sie ahnen es schon: Der eine hat Selbstbewusstsein, Selbstsicherheit, Selbstvertrauen, ist von seiner Selbstwirksamkeit überzeugt, die andere nicht. Wie es zu diesen Unterschieden kommt? Darüber sind sich die Experten nicht einig. Psychologen sehen die Wurzeln des Selbstbewusstseins in der Zuwendung, die ein Kind von seinen Eltern bekommt. Wird es ermutigt, wird ihm etwas zugetraut, wird es bei einem Missgeschick getröstet, dann kann sich Selbstbewusstsein, Selbstwertgefühl, Selbstvertrauen und damit Selbstsicherheit entwickeln. Zeigen die Eltern ihrem Sprössling aber vor allem, dass er noch viel zu klein ist, um irgendetwas selbst zu schaffen, machen sie sich über seine tastenden Versuche lustig, schimpfen sie ihn fürchterlich aus für jedes Missgeschick, dann hat sein Selbstbewusstsein keinen Nährboden, können Selbstachtung, Selbstwert, Selbstvertrauen, Selbstsicherheit, Selbstbehauptung, Selbstliebe nur schlecht, wenn überhaupt sich entwickeln. Das Gefühl »ich kann nichts richtig machen«, das unsere Sachbearbeiterin quält, könnte aus dieser Zeit stammen.

Soziologen sehen die Ursache für ein hohes oder niedriges Selbstbewusstsein eher in dem gesellschaftlichen Umfeld, in dem man aufgewachsen ist. »Es mag vielleicht erstaunen, aber auch eine Eigenschaft wie Selbstbewusstsein ist sehr stark eine Frage des Herkunftsmilieus«, so Dieter Frey, Professor für Sozialpsychologie an der Universität München gegenüber der *Wirtschaftswoche*. Wer als Spross einer Familie des gehobenen Bürgertums aufwächst, erfährt nicht nur, dass man seinem Elternhaus Respekt entgegenbringt, er wird auch schon als Kind von seiner Umgebung bevorzugt behandelt. Nicht zuletzt in der Schule: »Es gibt eine Neigung bei Lehrern, die Kinder von Ärzten, Anwälten und andere Personen mit hohem sozialen Status wohlwollender zu behandeln und besser zu bewerten als die anderen«, schätzt Frey. Und das setzt sich im Berufsleben fort. Laut Eliteforscher Michael Hartmann, Professor für Soziologie an der TU Darmstadt, dominiert das »gehobene Bürgertum« nach wie vor die Spitzenpositionen der deutschen Wirtschaft. Je höher die Positionen angesiedelt sind und je größer das Unternehmen ist, desto stärker wirkt die soziale Herkunft als Erfolgsfaktor.

Es gibt aber auch Experten, die die Persönlichkeit eines Menschen nicht für das Produkt seiner Erziehung oder seines Milieus halten, sondern schlicht für angeboren. Die New Yorker Psychologen Stella Chess und Alexander Thomas haben 1956 eine Langzeitstudie gestartet, bei der sie eine Gruppe von Versuchspersonen über vier Jahrzehnte beobachteten. Dabei zeigte sich: Wer als Kleinkind schon »schwierig« war – also unregelmäßig schlief und aß, sich angesichts neuer Situationen zurückzog, mitunter heftig reagierte oder unter schlechter Stimmung litt –, der blieb auch als Erwachsener so. Der Bielefelder Psychologe Alois Angleitner kommt zu einem ähnlichen Fazit: Er untersuchte Zwillinge daraufhin, welchen Einfluss die von ihnen gemeinsam »geteilte« und welchen die »nicht geteilte« Umwelt auf die Entwicklung ihrer Persönlichkeit nahm. Als »geteilte« Umwelt wertete er die Familie, als »nicht geteilte« enge Freundschaften, Lehrer oder unterschiedliche Berufslaufbahnen. »Zu unseren frappierendsten Ergebnissen zählt, dass für die meisten Persönlichkeitsmerkmale nur die nicht geteilte Umwelt bedeutsam zu sein scheint. Das bedeutet, dass die geteilte Umwelt, wie sie sich im Erziehungsstil manifestiert, keinen Einfluss auf die Ausgestaltung von Persönlichkeitsmerkmalen hat«[3], sagt Angleitner und will damit nicht weniger, als die etablierte Lehre über die Sozialisation und die Entstehung von Persönlichkeit vom Sockel stoßen.

Was denn nun? Ist Selbstbewusstsein vorbestimmt – durch die gesellschaftliche Stellung der Familie, durch die Gene? Oder können wir es beeinflussen – durch die Erziehung oder durch eine intensive Auseinandersetzung mit uns selbst mit Hilfe von Büchern wie diesem oder sogar einer Therapie?

Eine absolut allgemeingültige Antwort darauf gibt es wohl nicht. Es erscheint aber angemessen zu sagen: sowohl als auch. Sie können zwar nicht aus Ihrer Haut und Herkunft heraus, aber Sie können durchaus etwas für sich tun. Das fängt bei kleinen Schritten an und kann, wenn Sie konsequent weiter gehen, zu großen Veränderungen in Ihrem Leben führen. Denn Selbstbewusstsein ist ein sich selbst bestätigendes System: Sobald Ihnen die ersten Schritte gelungen sind, fühlen Sie sich stärker und wagen die nächsten Schritte, die Ihnen wiederum Kraft und Bestätigung geben, sodass Sie weitere Schritte wagen usw. Umgekehrt: Wenn Sie in Sack und Asche durchs Leben stolpern, knicken Sie mit Ihrem Selbstbewusstsein Tag für Tag mehr ein. So kommen Sie nicht nur zu nichts, schlimmstenfalls verlieren Sie auch noch, was Sie haben – sowohl im Berufsleben als auch privat.

Mit dieser Abwärtsspirale wollen wir uns jetzt gar nicht weiter beschäftigen. Lassen Sie uns die Möglichkeiten betrachten, jeden Tag ein bisschen selbstbewusster zu werden, ein bisschen selbstsicherer, ein bisschen mehr Vertrauen zum eigenen Selbst zu gewinnen.

Sich selbst bewusst werden

Was ist das eigentlich – das »Selbst«? Philosophen, Psychologen und Soziologen haben ganze Bibliotheken mit Versuchen gefüllt, dieses »Selbst« dingfest zu machen. Ergebnis: Es ist gar kein festes Ding. Das »Selbst« ist kein monolithischer Block. Die Forscher sehen das »Selbst« heute viel spielerischer: als eine Art Theaterfundus. Mit einer Unzahl an Möglichkeiten, kleine Komödien und große Dramen auf der Bühne des Bewusstseins zu inszenieren. Fließende Gewänder sind da und starre Rüstungen, hellblaue Himmelskulissen und finsterer Theaterdonner, Aufstieg und Untergang, Glück und Verzweiflung, Herr und Knecht, Kinder und Alte.

Das heißt nicht, dass das Leben nur ein Spiel ohne ernsthafte Bedeutung sei. Aber: Wir entscheiden, ob wir diese oder jene Szene in finsterer Stimmung oder in heller Beleuchtung spielen oder wahrnehmen wollen. Sich seiner selbst bewusst werden heißt also: das persönliche Theater kennen lernen.

Welche Stücke werden immer wieder gespielt? Welche Stücke werden gar nicht gespielt, obwohl die komplette Ausstattung dafür im Fundus lagert? In welchen Rollen treten wir auf? Gibt es Rollen, die wir eigentlich gar nicht mehr spielen wollen, oder solche, die wir uns nicht zutrauen, aber sehnlichst wünschten? Haben wir Teile unseres Selbstes – Psychologen sprechen von unserem Kind-Selbst, unserem Teenager-Selbst oder von unserem Vater- bzw. Mutter-Selbst – in den Tiefen unserer Fundusregale vergraben, wo sie nun ein Eigenleben führen und immer wieder ungebeten in die Geschichten unseres Lebens platzen – natürlich immer dann, wenn wir sie überhaupt nicht brauchen können?

Wenn ein Mensch sich selbst gut kennt – also sich seiner selbst bewusst ist –, kennt er sich gut aus in seinem (Persönlichkeits-)Theater. Er weiß, welche Möglichkeiten und welche Grenzen er bei der Aufführung seiner Stücke hat. Er kann mit allen Rollen und allen Teilaspekten seiner selbst umgehen, auch mit denjenigen, die ihm unangenehm oder beängstigend erscheinen. Er kann jede seiner Rollen authentisch, mit Haut und Haaren spielen und trotzdem innerlich so weit Abstand von ihnen einnehmen, dass er jederzeit in der Lage ist, Regie zu führen. Und wenn er seiner Frau (oder sie ihrem Mann) unvermittelt sagt: »Es ist kalt, setz deine Mütze auf und vergiss die Handschuhe nicht«, weiß er (oder sie), dass dies die Stimme des Mutter-Selbstes war, die sich ungefragt Bahn gebrochen hat. Und kann (hoffentlich) herzlich darüber lachen.

Das »Selbst« als Theater. Diese Formulierung mag Ihnen seltsam vorkommen. In der Tat: Wenn Sie sich Ihr Selbst bisher immer als eine Art Statue vorgestellt haben, die Sie, wenn Sie nur eifrig suchen, irgendwann finden (»Selbstfindung«) und zum Leben erwecken können (»Selbstverwirklichung«), dann müssen wir Sie enttäuschen. Aber wir können Ihnen versichern: Wenn Sie sich auf unser Bild des »Theaters« einlassen, kommen Sie vielen – auch widersprüchlichen – Aspekten Ihrer Persönlichkeit viel näher. Und Sie gewinnen im besten Wortessinne neuen Spielraum.

Das »Selbst« als Geschichtensammlung, als Rollenrepertoire und als Bühne der Teil-Selbste. Diese drei Aspekte Ihres persönlichen Theaters wollen wir jetzt genauer betrachten und uns auf diesem Weg das bewusst machen, was das »Selbst« ausmacht. Anders gesagt: das Selbstbewusstsein steigern.

Das Selbst als Geschichtensammlung

Wer war Albert Einstein, wer war Coco Chanel? Wenn wir mehr über diese Menschen erfahren wollen, können wir ihre Biographien lesen. Darin versammelt finden wir kleine Anekdoten und dramatische Geschichten, von der Kindheit bis zum Alter. Diese vermitteln uns Aspekte der Persönlichkeit, sie stellen Sinnzusammenhänge dar, sie legen einen roten Faden durch eine Ansammlung von Daten und Fakten. Liest man mehrere Biographien zu ein und derselben Person, kann es vorkommen, dass die eine einen strahlenden Helden beschreibt, die nächste eine tragische Figur.

Genau so ist es mit der Erzählung unserer eigenen Geschichte. In einem Vorstellungsgespräch liefern wir dem Personalchef eine Lebensgeschichte ab, in der ein Bildungsabschluss den nächsten, ein beruflicher Erfolg den nächsten jagt. Wir berichten Geschichten von gelungenen Projekten, von gestiegenen Umsätzen, von sensationellen Innovationen – kurz: die Saga eines Berufshelden. Sitzen wir dagegen mit unseren besten Freunden zusammen, erzählen wir auch mal von unserer schwierigen Kindheit, von gescheiterten Beziehungen, von geplatzten Plänen, Enttäuschungen, Ängsten – kurz: die Geschichte eines mehr oder weniger großen Unglücksraben.

Beide Geschichten sind »wahr«. Sie bauen auf den Fakten unseres Lebens und auf unseren Erinnerungen auf, gewichten sie nur anders. Wir »sind« diese und noch viel mehr Geschichten, diese begründen unsere Identität. Deshalb sehen Experten unser Gedächtnis als Basis unseres Selbstkonzeptes, unseres Selbstbewusstseins an. Die Dortmunder Psychologieprofessorin Bettina Hannover zum Beispiel beschreibt das »Selbst« als Gedächtnisstruktur. Alles, was wir über unsere Sinne erfahren und mit unserem Verstand begreifen, wird in einem »assoziativen Netzwerk« gespeichert. Wie wir uns gerade fühlen – ob wir eher in der Rolle des Helden oder des Verlierers stecken –, hängt damit zusammen, welche dieser Wissensknoten gerade abgerufen werden. »Viele unserer Gefühle sind selbstbezogen und mit unserer Identität verknüpft«, erklärt Bettina Hoffmann. »Wenn Sie etwa an eine Prüfung denken, in der Sie gut abgeschnitten haben, empfinden Sie mehr Selbstvertrauen als in einer Situation, die Sie daran erinnert, was für ein unsportlicher Mensch Sie doch sind.«[4]

Wenn Sie gut gelaunt und voller Selbstvertrauen sind, wird Ihnen viel eher Ihre gute Prüfung einfallen als Ihre Pleiten in der Sportstunde. Fühlen Sie sich ohnehin schlecht, dann laufen eher die unangenehmen Erinnerungen an Barren, Reck und 100-Meter-Bahn vor Ihrem inneren Auge ab – wie miese Kurzfilme, die Ihre Stimmung nur noch mehr verderben. Spitzensportler nutzen diese Erkenntnis, indem sie sich in Wettkampfsituationen gezielt an ihre Erfolge erinnern, sich emotional möglichst intensiv in diese vergangenen Situationen hineinversetzen. Umgekehrt vermeiden sie es, sich an Misserfolge zu erinnern und sagen innerlich »Stopp!«, sobald ein solcher Gedanke auftaucht.

Diese Methode funktioniert natürlich nicht nur bei Spitzensportlern. Wenn Sie gezielt Erinnerungen an gelungene Vorstellungsgespräche, an überzeugende Präsentationen, an erfolgreiche Gehaltsverhandlungen, an brillante Party-Small-Talks, an bestandene Prüfungen etc. sammeln, dann haben Sie in jeder kritischen Situation einen Gedächtnisanker, an dem Sie Ihre positive Stimmung festmachen können. Dieser stärkt Ihre Selbstwirksamkeit, Ihr Gefühl, Sie könnten etwas speziell aus eigener Kraft und Leistung erfolgreich schaffen oder entscheidend bewirken. Es ist die Energie, der Treibstoff aus dem das Durchhaltevermögen gespeist wird in der sicheren Gewissheit (Hoffnung wäre hier fast zu vage), dass am Ende ein befriedigendes, ein lohnendes Ergebnis herauskommt, das alle Mühen wert war. Es ist das beste Gegenmittel zu allen aufkommenden Zweifeln in einer schwierigen Durchgangs- oder Durstphase. Es ist die Erinnerung daran, dass man schon ganz andere Probleme erfolgreich geknackt und schlimmere Krisen gut überstanden hat. Hieraus schöpft man Kraft und den Glauben an sich selbst. Es geht aber noch weiter: Je mehr verschiedene, vielleicht auch widersprüchliche Aspekte Ihrer selbst Sie aus den Episoden- und Wissensspeichern Ihres Gedächtnisses abrufen können, desto stabiler wird Ihr Selbstbewusstsein. Patricia Linville von der Duke-Universität ließ eine Gruppe von Versuchspersonen zwei Wochen lang Tagebuch über ihr Seelenleben führen. Fazit: Je komplexer die Tagebuchschreiber ihr Selbst darstellen konnten, desto weniger Stimmungsschwankungen waren sie unterworfen. Menschen, die über ein sehr komplexes und detailliertes Selbstbild verfügen und die eigenen Widersprüche und Abgründe gut kennen, lassen sich durch Erfolgs- oder Misserfolgserlebnisse offenbar viel weniger aus der Bahn werfen als Menschen, die ein einfach strukturiertes Charakterbild von sich entworfen haben.[5]

Schauen Sie sich also in Ihrem Erinnerungsfundus um und suchen Sie gezielt nach Geschichten, die Sie erlebt haben. Wann waren Sie ein Held, eine Heldin? Wann ein Schurke, ein Biest, ein Verlierer, eine Kämpferin, ein Glückskind? Je mehr Geschichten Sie von sich erzählen können, desto besser können Sie Ihre Stimmungen steuern. Je mehr Sie sich klar machen, dass Sie sowohl die kleine und hilflose als auch die heldenhaft strahlende Hauptperson Ihrer Lebensgeschichten sind, desto stabiler steht Ihr Selbstbewusstsein.

Das Selbst als Rollenrepertoire

Man muss keine Schauspielschule besucht haben, um die verschiedenen Rollen seines Lebens überzeugend spielen zu können: Manager, Vater, Ehemann, Hobbymusiker bzw. Unternehmerin, Mutter, Freundin, Marathonläuferin … das alles können wir gleichzeitig »sein«. Soziologen gehen davon aus, dass das, was wir Person nennen, vor allem ein Repertoire von Rollen ist und dass sich persönliche Identität ohne Rollenidentitäten gar nicht ausbilden kann. Das heißt aber nicht, dass jeder die Rolle des Chefs, des Lebenspartners etc. völlig gleich spielen würde. Nein, die Rolle gibt lediglich die Eckpunkte des Handlungsrahmens vor – nicht zuletzt, damit die anderen Personen wissen, welches Stück gespielt wird und angemessen (re)agieren können. Was der Einzelne aus dieser Rolle macht, liegt allein in seinem Ermessen und kann sehr verschieden aussehen.

Der Mensch ist aber mehr als die Summe der Rollen, in denen seine Mitmenschen ihn erleben können. Er ist der Regisseur dieser Rollen. Das heißt: Er ist sich darüber bewusst, dass er Rollen spielt, und kann den Verlauf seiner Geschichten aktiv gestalten. Klassische Rollen – wie zum Beispiel die der Mutter – können vollkommen neu interpretiert werden. Nicht selten kommt es heute vor, dass jemand einer Rolle innerlich kritisch gegenüber steht oder sogar ablehnt, während er sie äußerlich perfekt spielt. In Extremfällen kann es so weit gehen, dass Menschen ihr »wirkliches« Selbst gar nicht mehr zeigen. Dass sie nur noch Rollen spielen, während sie sich vorstellen, »eigentlich« jemand ganz anderes zu sein. Da ist der Schritt zur schizoiden (gespaltenen) Persönlichkeit nicht weit.[6]

Deshalb ist Rollendistanz – also die Fähigkeit, Rollen zu spielen und sie zugleich kritisch zu reflektieren – in einem gewissen Maße nicht nur normal, sondern notwendig. »In der gewollten Distanzierung von einer sozial erwarteten Rollennormalität dokumentiert der (moderne) Akteur seine Individualität, seine Gelöstheit von gesellschaftlichen Festlegungen, seine ›Originalität‹«, schreibt die St. Gallener Soziologin Michaela Pfadenhauer in ihrer Untersuchung darüber, was »Professionalität« ausmacht. In der Distanzierung von einer Rolle zeige der Profi – sei es ein Arzt oder ein Manager –, dass seine Identität über diese Rolle hinausgeht, dass er mehr ist als das, was er gerade darstellt. Und dass er selbstverständlich auch andere Rollen übernehmen kann. »Ein autonomes Rollenspiel«, so Michaela Pfadenhauer, »setzt sowohl die Internalisierung als auch die Distanzierung von einer Rolle voraus.«[7]

Mehr noch: Das, was der Profi können muss, ist nicht nur die überzeugende Darstellung seines konkreten Know-hows. Er muss darüber hinaus in der Lage sein, sich selbst als kompetent, als vertrauenswürdig darzustellen. Warum? »Kompetenzdarstellungen dienen dazu, Vertrauen herzustellen, Verhaltensweisen zu legitimieren, Gehorsam zu erzeugen, Ansprüche durchzusetzen«[8], erklärt Michaela Pfadenhauer. Gar nicht so einfach, denn wenn er zu sehr durchblicken lässt, dass er ein Profi in Sachen »Darstellung« ist, werden seine Mitmenschen misstrauisch. Ist da ein Angeber am Werke? Ein Bluffer?

Sie müssen, welchen Job Sie auch immer haben, also zwei verschiedene Wissensbestände in Ihrem persönlichen Fundus haben, um ein Profi zu sein: zum einen »Orientierungswissen«. Das umfasst alles, was Sie an Fachwissen brauchen, um Ihren Beruf auszuüben. Zum anderen »Erfolgswissen«. Das heißt zu wissen, wie Sie auftreten, wie Sie sprechen und sich kleiden müssen, mit wem Sie wie umgehen und welche Situationen in Ihrem Beruf wie einzuschätzen sind. Erfolgswissen »ist wesentlich ein Wissen um die für die Inszenierung als ›Experte‹ unter gegebenen kulturellen und situativen Umständen je dienliche Symbolik und darüber, wie sie genutzt werden kann«,[9] formuliert Pfadenhauer. Was das für Sie und Ihren Job konkret heißt, erklären wir im zweiten Teil dieses Buches, besonders ab Seite 69.

Grundsätzlich ist gemeint: Klappern gehört zum Handwerk. Es nutzt nichts, wenn Sie tolle Ideen und gute Leistungen bringen, Sie müssen dies auch zeigen. Auch darüber haben sich die Soziologen Gedanken gemacht: »Leistung«, sagen sie, sei eine Verwirklichung in einem Sachgebiet. »Erfolg« dagegen sei »eine Verwirklichung im Gebiete des Sozialen«[10]. Kurz: Wenn Sie Ihre Leistungen in der Schublade verschwinden lassen, anstatt sie darzustellen, dann haben Sie keinen Erfolg auf der Bühne Ihres Berufslebens. Dann bekommen

Sie keinen Applaus. Und genau das ist die Nahrung, die Ihr Selbstbewusstsein, Ihr Selbstwertgefühl und Ihre Vorstellung von Ihrer Selbstwirksamkeit brauchen.

Das Selbst als Bühne verschiedener Teil-Selbste

In Ihrem persönlichen Theaterfundus stapeln sich nicht nur Ihre Lebensgeschichten neben der Garderobe mit den Ausstattungen für Ihre verschiedenen Rollen. Hier leben auch Ihre Teil-Selbste, vielleicht spuken sie sogar in Ihren Stücken herum und treiben Schabernack mit Ihrem Selbst, ohne dass Sie das kontrollieren könnten. Aber im Ernst: Die Rede ist von unerkannten, abgelehnten oder sogar abgespaltenen Teilen Ihrer Persönlichkeit, die Sie zwar nicht bewusst wahrnehmen, die aber Konflikte in Ihnen auslösen oder Sie zu Verhaltensweisen treiben, die Sie sich selbst nicht erklären können.

Sie mögen auf vorbildliche Weise »erwachsen« sein, trotzdem tummelt sich in Ihrem Fundus noch das Kind, das Sie einmal waren. Mit seinen typischen kindlichen Bedürfnissen und Wünschen, Gefühlen und Ängsten, die von den Erwachsenen viel zu oft nicht ernst genommen, weggedrängt werden. So auch möglicherweise von Ihnen selbst auf Ihrem Weg ins Erwachsenenalter. Wer sich sein ganzes Leben lang (oder doch einen gewissen Zeitraum über) mit dem Gefühl herumschlägt, abgelehnt zu werden, der lehnt sich irgendwann auch selbst ab. Nicht nur das: Er wird immer wieder Situationen heraufbeschwören, in denen er die Ablehnung durch Andere provoziert. Selbstbewusstsein wird er erst dann aufbauen können, wenn er diesen Kindaspekt seiner Persönlichkeit erkennt, respektiert und sich mit ihm aussöhnt.

Der amerikanische Psychologe Nathaniel Branden beschreibt in seinem Buch »Die sechs Säulen des Selbstwertgefühls« neben der Teilpersönlichkeit »Kind-Selbst« auch das »Teenager-Selbst«, das »Andere-Geschlecht-Selbst«, das »Mutter-« und das »Vater- Selbst«. Wer Aspekte seines »Teenager-Selbstes« abgespalten und in die hinteren Ecken seines Fundus verbannt hat, dem kann es laut Branden passieren, dass er in Konfliktsituationen mit patzigen Sprüchen reagiert wie »Das ist mir doch egal!« oder »Sag mir nicht, was ich zu tun habe«.[11] Ganz wie damals, als er noch schmale 17 war.

Aber was tun, wenn sich das Kind- oder Teenager-Selbst seinen Weg auf unsere Lebensbühne gebahnt hat? Wie kommt man aus dieser Episode wieder heraus? Nathaniel Branden stellt seinen Klienten in solchen Situationen folgende Frage: »Wie alt fühlen Sie sich jetzt im Moment, und ist das Ihres Erachtens das Alter, das Sie haben müssen, um dieses Problem zu lösen?«[12]

Diese Frage können Sie sich auch selbst stellen, wenn Ihnen eins Ihrer Teil-Selbste das Regieheft aus der Hand genommen hat. Sobald Sie das Schabernack treibende Teil-Selbst identifiziert haben, sind Sie wieder Herr oder Frau der Situation. Aber beschimpfen Sie sich nicht, schmunzeln Sie einfach über Ihren Ausrutscher. Und nutzen Sie die Chance, diesen Teil Ihrer Persönlichkeit kennen zu lernen – mit all seinen Bedürfnissen, Empfindlichkeiten und Konflikten.

Als »Anderes-Geschlecht-Selbst« (zugegeben, das klingt ziemlich sperrig) bezeichnet Branden den weiblichen Selbst-Anteil eines Mannes und den männlichen Selbst-Anteil einer Frau. Er nimmt an, es gebe »eine starke Parallele zwischen der Art und Weise, wie wir mit dem anderen Geschlecht in der Welt umgehen und wie wir mit dem anderen Geschlecht in unserem Inneren umgehen«[13]. Demzufolge hätten Männer, die Frauen für ein »unbegreifliches Mysterium« halten, keinen guten Kontakt zu dem eigenen weiblichen Aspekt. Kein Wunder also, wenn sie keine guten Liebesbeziehungen führen könnten – und auch keinen guten Draht zu ihrer Chefin finden.

Das »Mutter-« und das »Vater-Selbst« sind Branden zufolge verinnerlichte Aspekte der Persönlichkeit und Werte der Eltern. Das können Lappalien sein (»Nimm immer einen Pullover mit, sonst erkältest du dich!«) oder auch Einstellungen, die den eigenen Lebensweg torpedieren (»Hinter jedem starken Mann steht eine starke Frau«). Ein selbstbestimmtes Leben können wir aber nur dann führen, wenn wir lernen, die internalisierten Stimmen der Mutter und der Vaters von unserer eigenen zu unterscheiden. Es hilft nichts, wenn wir uns die Ohren zuhalten. Wir müssen erst einmal hören, was diese Elternstimmen uns zu sagen haben.

Denn »Teile des Selbst, die erkannt, respektiert und in die gesamte Persönlichkeit integriert werden«, sind Branden zufolge »Quellen der Energie«, des »emotionalen Reichtums«, sie bringen uns mehr Handlungsoptionen für das, was wir tun möchten, und ein besseres Identitätsgefühl.[14] Und damit wären wir wieder ein Stück weiter damit gekommen, unser Selbst zu erkunden, selbst-bewusst zu werden.

Das Selbst, die Selbsteinschätzung und die anderen

Ist es nicht erstaunlich? Wir wissen, wie die Rolle einer Managerin, eines Mitarbeiters, eines Schülers, einer Mutter, eines Freundes zu spielen sind. Und unsere Mitmenschen erkennen das Stück, das gespielt wird, und reagieren darauf mit ihren eigenen Rollen. Wenn wir unsere Lebensgeschichte erzählen, dann greifen wir auf Bilder zurück, die unser Gegenüber sofort erkennt und einordnen kann. Das liegt daran, dass wir in unserer Gesellschaft nicht nur die Sprache teilen, sondern auch die Bilder und Vorstellungen. Wir wachsen in sie hinein und merken später nicht einmal mehr, wie sehr uns dies alles prägt.

Der französische Soziologe Pierre Bourdieu hat herausgefunden, dass sogar unser Geschmack in hohem Maße »gesellschaftlich vermittelt« ist. Ob wir eher Bachkantaten hören oder Hip-Hop, ob wir Designerklamotten oder Second-Hand-Fummel tragen, sei nicht unsere freie Entscheidung, sondern durch unsere Zugehörigkeit zu einer bestimmten sozialen Gruppe bestimmt. Auch das Maß des Selbstbewusstseins sei nicht nur eine Frage der psychischen Disposition, sondern der sozialen Herkunft: Bourdieu beschreibt in seiner Studie *Die feinen Unterschiede*[15], dass soziale Aufsteiger aus der Angst heraus, ihre Herkunft zu offenbaren, zu einer überkorrekten Sprache neigten. Es fehle ihnen »ein wenig Statur, Freimut, Großzügigkeit und Persönlichkeit«. Weil es nicht zuletzt darauf beim Einstieg und Aufstieg im Job ankommt, stammen auch heute noch 90 Prozent der Vorstandsvorsitzenden der 100 größten Unternehmen aus dem gehobenen Bürgertum – das hat Michael Hartmann, Professor für Soziologie an der TU Darmstadt, 1997 in einer Studie festgestellt.

Warum Zöglinge aus gutem Hause so selbstbewusst und solche aus weniger gutem Hause so zögerlich sind? Der Sozialpsychologe Charles Cooley betonte schon 1902, dass unser Selbstbewusstsein davon abhängt, »was wir in unserer Vorstellung meinen, was der andere über uns denkt«. Eine eingebildete Beurteilung sozusagen. Wer also meint, er verdiene eine Sonderbehandlung, weil andere ihn für einen Sohn oder ein Töchterchen aus besseren Verhältnissen halten, der verfügt über ein entsprechend großes Selbstbewusstsein. Umgekehrt: Wer als Kind von Sozialhilfe leben musste und davon überzeugt ist, andere würden deshalb hochmütig auf ihn herabblicken, wird möglicherweise nur über ein geringes Selbstbewusstsein verfügen.

In den 30er Jahren des vergangenen Jahrhunderts führte der Sozialpsychologe und Philosoph George Herbert Mead diese Idee weiter. Er ging davon aus, dass eine Person beim Entwurf ihres Selbstbildes die Blickweise eines »signifikanten Anderen« übernimmt. Das können zum einen Familienmitglieder, Freunde oder Kollegen sein, aber auch das, was in seiner sozialen Gruppe insgesamt für gut oder schlecht gehalten wird.

Das klingt ziemlich theoretisch, hat aber ganz praktische Konsequenzen – vor allem dann, wenn eine soziale Gruppe ein angeknacktes Selbstwertgefühl hat, sich darüber aber nicht bewusst ist. Das zeigt eine Studie der Dortmunder Psychologieprofessorin Bettina Hannover.

Teilnehmer aus Ost- und Westdeutschland sollten sich anhand einer Liste von Eigenschaftswörtern wie »leichtgläubig«, »gutherzig«, »arrogant« oder »geschäfstüchtig« selbst beschreiben. In einer Runde gab der Versuchsleiter seine Anweisungen auf Hochdeutsch, in einer anderen Runde mit leichtem sächsischen Akzent. Das Ergebnis: Die ostdeutschen Männer attestierten sich selbst ein geringeres Selbstwertgefühl, sobald der Versuchsleiter sächselte. Bettina Hannover erklärt dies damit, dass der sächsische Dialekt unterschwellig das Bewusstsein über die eigene ostdeutsche Identität aktiviert habe, und die sei mit Minderwertigkeitsgefühlen verknüpft. Sobald aber ostdeutsche Teilnehmer direkt zu ihrer Herkunft befragt wurden, kehrte sich das Ergebnis um: Ostdeutsche beschrieben sich positiver, Westdeutsche negativer.[16]

Für Sie heißt das: Stehen Sie zu sich. Machen Sie sich bewusst, welche latenten Selbstbilder, welche eingebildeten Beurteilungen Sie mit sich herumschleppen. Als »Ossi«, als »Sachbearbeiterin«, als jemand »aus einfachen Verhältnissen«, als »Hausfrau«, als was auch immer. Lassen Sie sich von diesen Bildern nicht herunterziehen. Das haben Sie gar nicht nötig – und für andere ist es auch viel angenehmer, wenn Sie nicht dauernd den Kopf einziehen, sondern geradeheraus zu sich selbst stehen. Mit allem, was zu Ihnen gehört. Oder mit anderen Worten: Glauben Sie an sich, und fangen Sie jetzt damit an! Blicken Sie zurück auf die Dinge, die Ihnen gelungen sind, die Ergebnisse, die Sie mit Stolz oder wenigstens einer gewissen Genugtuung erfüllen. Verdeutlichen Sie sich: Es war nicht alles schlecht, Sie haben nicht alles »in den Sand gesetzt«, sind immer unterlegen, waren für sich und andere nur eine Enttäuschung. Da gibt es auch in Ihrem Leben Problemsituationen, die Sie gut gemeistert haben, die Ihnen Anerkennung einbrachten. Erinnern Sie sich an Ihre »Siege« (vielleicht gelang es Ihnen vor noch nicht allzu langer Zeit das Rauchen aufzugeben, vielleicht war es die Abschlussnote bei der Ausbildung oder das Schnäppchen, das Sie erst kürzlich gemacht haben und um das Sie andere beneideten). Verdeutlichen Sie sich, was Sie schon alles bewirken konnten. Es geht um das Gefühl der Kompetenz, aus dem aktive Hoffnung erwächst, auch andere Probleme zu bewältigen. Es geht um die Zuversicht, es wieder zu schaffen, die Überzeugung, dass sich am Ende die Mühe für Sie doch gelohnt hat.

Sie können, weil Sie wollen, und noch besser: Sie wollen, weil Sie wissen, Sie können es auch schaffen. Die Theorie des Sozialpsychologen Albert Banduras zur Selbstwirksamkeit besagt, dass uns der Glaube an die eigene Leistungsfähigkeit auch schwierigste Handlungen zuversichtlich in Angriff nehmen und erfolgreich zu Ende führen lässt. »Der Sieg beginnt im Kopf«, und dafür ist ein möglichst klares inneres Vorstellungsbild vom Ergebnis, vom Erfolg erforderlich. Wer in der Lage ist sich vorzustellen, erfolgreich zu sein, Herausforderungen zu meistern, Probleme zu überwinden, ist bereits schon auf dem besten Weg dazu. Noch besser, Sie imaginieren sich, wie Sie den Erfolg gerade genießen, das Problem schon hinter sich gelassen, quasi abgehakt haben. So programmieren Sie sich selbst auf Sieg. Je intensiver Sie sich die Ergebniserwartung vorstellen können, desto höher Ihre Chance auf erfolgreiche Realisation. Entscheidend ist, Sie müssen an Ihr Können und den tatsächlichen Erfolg Ihrer Bemühungen glauben und bereit sein, dafür etwas Außergewöhnliches zu tun. Nur beten oder hoffen allein hilft nicht. Disziplin und Durchhaltewillen kombiniert mit Stärke und Leidenschaft bleiben schon vonnöten. Oder wie der Lateiner sagt: »Vor den Erfolg haben die Götter den Schweiß gesetzt.« Das sind die Bausteine, aus denen sich der zunächst nur imaginierte Erfolg dann doch real zusammensetzt. Aber ohne ein mental identifiziertes und in der Vorstellungskraft erfolgreich erreichtes Ziel, wird alles doppelt so schwer. Oder positiv formuliert: Warum wollen Sie es sich nicht etwas leichter machen mittels des (Erfolgs-)Glaubens, der bekanntlich Berge versetzen kann.

Wie entsteht Selbstbewusstsein?

Es gibt eine Fülle von Erklärungsmodellen dafür, wie Selbstbewusstsein entsteht. Der amerikanische Psychoanalytiker Erik H. Erikson zum Beispiel knüpft in seinem Entwicklungsmodell des Menschen an die Entdeckung Freuds an, dass die neurotischen Konflikte Erwachsener denen sehr ähnlich sind, die jeder Mensch während seiner Kindheit bewältigen muss. Er sagt, »dass jeder Erwachsene diese Konflikte in den dunklen Winkeln seiner Persönlichkeit mit sich herumschleppt«.[17] Wenn jemand also Probleme mit seinem Selbstbewusstsein hat, dann kann die Ursache dafür schon in frühen Lebensphasen liegen.

Erikson zufolge hat jeder im Laufe seines Lebens eine bestimmte Abfolge von Phasen bzw. Krisen durchzustehen. Mit der erfolgreichen Bewältigung jeder Krise wird er ein bisschen reifer, ein bisschen erwachsener, ein bisschen selbstbewusster. Wenn er eine oder mehrere Krisen nicht bewältigt, bleibt er in diesen Aspekten »neurotisch«. Die einzelnen Phasen, die Erikson beschreibt, klingen recht dramatisch. Aber wir finden, dass er die Entwicklung des Menschen und seines Selbstbewusstseins gut auf den Punkt bringt, und wollen sein Modell etwas ausführlicher vorstellen.[18]

»Identität und Lebenszyklus« nach Erik H. Erikson

Alter	Typische Krise
I. Säuglingsalter	Urvertrauen kontra Urmisstrauen
II. Kleinkindalter	Autonomie kontra Scham und Zweifel
III. Spielalter	Initiative kontra Schuldgefühl
IV. Schulalter	Werksinn kontra Minderwertigkeitsgefühl
V. Adoleszenz	Identität kontra Identitätsdiffusion
VI. Frühes Erwachsenenalter	Intimität kontra Isolierung
VII. Erwachsenenalter	Generativität kontra Selbstabsorption
VIII. Reifes Erwachsenenalter	Integrität kontra Verzweiflung

I. Urvertrauen kontra Urmisstrauen
(Säuglingsalter, etwa 1. Lebensjahr)
Urvertrauen, so Erikson, ist »der Eckstein der gesunden Persönlichkeit«[19] und entsteht durch ein liebevolles Klima im ersten Lebensjahr. Vor allem durch das Gefühl, sich auf die Mutter oder eine andere Person verlassen zu können. Der Säugling entwickelt ein rudimentäres Gefühl von »Ich-Identität«, weil er bereits über eine kleine »innere Welt« aus erinnerten und voraussehbaren Bildern und Empfindungen verfügt. Sein Vertrauen wächst und bezieht sich – als Selbstvertrauen – auch auf die eigenen körperlichen Bedürfnisse und Erfahrungen. In dieser Phase sind sie vor allem oral: Saugen, Nuckeln, später Beißen.

Misslingt die frühe Beziehung zwischen Mutter und Kind oder kommt es zu einem plötzlichen Verlust der Mutterliebe, bekommt das Urvertrauen einen irreparablen Knacks. Wenn das Misstrauen die Oberhand gewinnt, kann sich ein Kind schon in frühen Jahren argwöhnisch und ängstlich zurückziehen, es kann sogar depressive Tendenzen entwickeln. Dieses Urmisstrauen begleitet den Menschen dann sein ganzes Leben lang und wird ihm den Aufbau von Freundschaften und eines stabilen Netzwerkes in der Berufswelt erschweren – ganz zu schweigen von einer intimem Partnerschaft. Keine gute Basis für ein starkes Selbstbewusstsein.

Gelingt aber diese erste Lebensphase, sind die Weichen für ein festes Vertrauen in die Mitmenschen und in das eigene Selbst gestellt.

II. Autonomie kontra Scham und Zweifel
(Kleinkindalter, etwa 2. und 3. Lebensjahr)
In der zweiten Lebensphase steht die Entwicklung der Muskeln und des Nervensystems des Kleinkindes im Vordergrund. Im günstigsten Fall gelingt es

den Erziehenden, eine Atmosphäre zu schaffen, in der das Kind Selbstkontrolle entwickeln kann, ohne seine Selbstachtung zu gefährden. Von besonderer Bedeutung sind dabei die Ausscheidungsvorgänge (deshalb spricht man auch von »analer Phase«). Außerdem macht das Kind mit ersten, lautstarken »Neins« darauf aufmerksam, dass es einen eigenen Willen hat und bereit ist, für seine Durchsetzung zu kämpfen.

Wenn Eltern ihr Kind mit einer frühen und rigorosen Sauberkeitserziehung stark unter Druck setzen und nicht akzeptieren, dass das Beherrschenlernen der eigenen Körperfunktionen seine Zeit braucht, dann wird das Kind in einen kritischen Zustand von Rebellion und dem Gefühl der Niederlage getrieben, von Selbstbezogenheit und frühreifer, überstrenger Gewissensbildung.

Ein Problem, das sich bis ins Erwachsenenalter ziehen wird: Chefs mit Defiziten aus dieser wichtigen Phase sind – wir überspitzen jetzt ein wenig – die Law-and-Order-Typen. Die aggressiv-autoritären Nörgler, die Perfektionisten. Auf der Ebene der Angestellten findet sich hier das Klischee des überkorrekten Buchhalters.

Die Entwicklung von Autonomie ist die positive Komponente dieser Phase – umgekehrt entsteht aus dem Gefühl verlorener Selbstkontrolle ein dauernder Hang zu Zweifel und Scham, der das Selbstbewusstsein untergräbt.

III. Initiative kontra Schuldgefühle
(Spielalter, etwa 4. und 5. Lebensjahr)
Sobald das Kind größer und kräftiger geworden ist, über einen umfangreichen Sprachschatz und jede Menge Phantasie verfügt, möchte es die Initiative ergreifen: Es will etwas schaffen, zielstrebig aktiv sein, es will lernen und Verantwortung übernehmen. Für die Eltern ist das ziemlich anstrengend, für das Kind eine ganz elementare Erfahrung.

In dieser Phase beginnt das Kind auch, sich unbändig für die körperlichen und zwischenmenschlichen Aspekte der Sexualität zu interessieren. Es hat große Freude daran, Geschlechtsorgane zu benennen oder zu fragen: »Bist du ein Mädchen oder ein Junge?« Für die Eltern ist das mitunter peinlich, aber auch diese Phase ist wichtig und normal. Es ist die so genannte »ödipale Phase«, die einhergeht mit einer besonders liebevollen Bindung des kleinen Mädchens an ihren Vater und des kleinen Jungen an seine Mutter. Sie ist von starken Konflikten geprägt:

»Denn jene dunklen Ödipuswünsche (die sich so naiv in der Zuversicht des Knaben ausdrückten, er werde die Mutter heiraten und sie werde noch stolz auf ihn sein, während das Mädchen träumt, es werde den Vater heiraten und viel besser für ihn sorgen) scheinen infolge der mächtig aufschießenden Phantasie und einer Art Berauschtheit durch den wachsenden Bewegungsdrang zu geheimen Vorstellungen von erschreckenden Ausmaßen zu führen. Die Folge ist ein tiefes Schuldgefühl – ein merkwürdiges Gefühl, da es doch immer nur bedeuten kann, dass der Mensch sich Taten und Verbrechen zuschreibt, die er tatsächlich nicht begangen hat ...«[20]

Mit dem Einsetzen dieser Schuldgefühle prägt sich das Gewissen aus oder das, was Freud als »Über-Ich« bezeichnet hat. Wird das Kind ständig kontrolliert und durch Verbote eingeschränkt, können die Schuldgefühle dauerhaft die Oberhand über den Impuls zur Initiative behalten. Wer keine Initiative ergreift, kann sich selbst auch nicht behaupten.

Geht in dieser dritten Phase aber alles gut, steht einem aktiven Erwachsenenleben nichts mehr im Wege. Der Mensch ist dann bereit zu handeln und die Verantwortung dafür zu tragen.

IV. Werksinn kontra Minderwertigkeitsgefühl
(Schulalter)
Wird die natürliche Lust am Lernen nicht durch eine überzogene Maßregelung zerstört, entwickeln die Mädchen und Jungen jetzt einen ausgeprägten »Werksinn«: ein Selbstbewusstsein, das sich auf die eigene Leistungsfähigkeit bezieht. Hier ist die Quelle der Selbstwirksamkeit am bedeutendsten.

Wer in dieser Phase keine Anerkennung erhält – etwa, weil er durch übermäßige Gängelung oder Hilfestellung entmutigt wird –, wird sich unzulänglich und minderwertig fühlen. Das begleitet ihn später bis in seinen Beruf hinein. Als Angestellter hat er vielleicht das Gefühl, niemals etwas richtig machen zu können. Auch als Chef wird er immer mit seinen Leistungen unzufrieden sein und meinen, eigentlich müsste alles viel besser laufen.

V. Identität kontra Identitätsdiffusion
(Pubertät/Adoleszenz)
Wer erinnert sich schon gerne an seine Pubertät? Da wurden die Arme und Beine plötzlich lang, die Geschlechtsreife führte zu erheblicher Verwirrung. Alles, was vorher klar und stabil schien, geriet ins Wanken. Die Eltern verwandelten sich von »Mama und Papa« in nervende »Alte«. Schrecklich, aber ganz normal in dieser Zeit.

Die Pubertät ist geprägt durch die wilde Suche nach einem stabilen Selbstgefühl. Welcher Clique will ich angehören? Welche Musik soll meine Lieblingsmusik sein? Welcher Kleidungsstil ist der richtige für mich? Welchen Beruf will ich ergreifen? Diese Phase ist gekennzeichnet durch ein ständiges Experimentieren, das für die Pubertierenden selbst mindestens so anstrengend zu sein scheint wie für deren Umfeld.

Das starke Bedürfnis nach Abgrenzung dient dazu, das Gefühl der »Identitätsdiffusion« abzuwehren. Das heißt, dass man »im tiefsten Innern noch nicht ganz sicher ist, ob man ein richtiger Mann (eine richtige Frau) ist, ob man jemals einen Zusammenhang in sich finden und liebenswert erscheinen wird, ob man imstande sein wird, seine Triebe zu beherrschen, ob man einmal wirklich weiß, wer man ist, ob man weiß, was man werden will, weiß, wie einen die anderen sehen, ob man jemals verstehen wird, die richtigen Entscheidungen zu treffen ...«[21]

Immerhin: Es ist ein großer Schritt zu tun. Von der geordneten Kinderwelt in die Zukunft als Erwachsener. Das neue Selbstgefühl setzt sich aus dem »inneren Kapital« zusammen, das in den vergangenen vier Phasen gesammelt wurde.

Wer in dieser Krise stolpert, neigt im Berufsleben möglicherweise dazu, sein schwankendes inneres Selbstgefühl durch äußere Stützkorsette wie Statussymbole oder Macht- und Imponiergehabe festzuzurren. Und alle, die diesem Korsett zu nahe trete, müssen mit heftiger Gegenwehr rechnen.

VI. Intimität kontra Isolierung
(Frühes Erwachsenenalter)
Wenn die Wirren der Pubertät überstanden sind und es dem Jugendlichen gelungen ist, eine gefestigte Ich-Identität auszubilden und Selbstvertrauen zu gewinnen, dann kann er sich jetzt einlassen auf eine echte Partnerbeziehung. Im Idealfall zeichnet sich diese Partnerschaft durch gegenseitiges Vertrauen aus und durch eine Balance zwischen Liebe, Arbeit und Erholung. Was man heute »Work-Life-Balance« nennt, war schon dem großen Psychoanalytiker Sigmund Freud wichtig:

»Freud wurde einst gefragt, was seiner Meinung nach ein normaler Mensch gut können müsse. Der Frager erwartete vermutlich eine komplexe und ›tiefe‹ Antwort. Aber Freud soll einfach gesagt haben: ›Lieben und arbeiten‹. Es lohnt sich, über diese einfache Formel nachzudenken; je länger man es tut, umso tiefer wird sie. Denn wenn Freud ›lieben‹ sagte, so meinte er damit ebenso sehr das Verströmen von Güte wie die geschlechtliche Liebe; und wenn er sagte ›lieben und arbeiten‹, so meinte er damit ein Berufsleben, das den Menschen nicht völlig verschlingt und sein Recht und seine Fähigkeit, auch ein Geschlechtswesen und ein Liebender zu sein, nicht verkümmern lässt.«[22]

Sie ahnen es schon: Wer in dieser Phase strauchelt, tut sich schwer mit intimen Beziehungen. Er kapselt sich ab und weicht in die Isolierung aus, aus Angst, in der Verschmelzung mit dem Anderen sein eigenes Ich zu verlieren. Ursache für dieses Rückzugsverhalten sind häufig Defizite aus den vorangegangenen Phasen – vor allem aus der des ersten Lebensjahres. Mit einem tiefen Urmisstrauen lässt sich eben keine Liebesbeziehung aufbauen. Und auch kein stabiles Selbstbewusstsein.

Wohl aber ein erfolgreiches Arbeitsleben. Häufig haben die Workaholics, die Arbeitstiere unter den Managern und Mitarbeitern, die Reifungsanforderung der sechsten Phase nicht erfolgreich bewältigt. Lieber vergraben sie sich in Aktenbergen, als sich der Herausforderung eines erfüllten Familienlebens zu stellen. Lieber geben sie sich einem Quicky mit der Assistentin hin, als sich mit Haut und Herz auf eine tiefe Partnerschaft einzulassen. Klar: Man kann eine Ehe oder Familie auch zu reinen Repräsentationszwecken unterhalten. Aber das ist etwas Anderes.

VII. Generativität kontra Selbstabsorption
(Erwachsenenalter)
Endlich erwachsen. Jetzt geht es dem Menschen darum, etwas »in die Welt zu setzen«. Das können Kinder sein, aber auch Kunstwerke, wissenschaftliche Ergebnisse, warum nicht auch neue Unternehmen. Wichtig ist, dass der Mensch produktiv wird. Denn wer sich nur um sich selbst dreht – vielleicht sogar auf der Suche nach seinem Selbst –, der gerät in einen hoffnungslosen Stillstand. Schlimmer noch: Er macht sogar Rückschritte, und seine Persönlichkeit verarmt.

Erikson spricht auch von »Selbstabsorption« – der Mensch saugt sich gewissermaßen selbst auf, anstatt über sich hinauszuwachsen. Ein Grund dafür kann das fehlende Vertrauen in das eigene Selbst und in die Zuverlässigkeit anderer Menschen sein.

VIII. Integrität kontra Verzweiflung
(Reifes Erwachsenenalter)
Wer es bis hierher geschafft hat, ist schon beinahe weise zu nennen. Er hat die Phase der Ich-Integrität erreicht. Integrität – diesen Begriff hört man heute häufig. Nach Erikson bedeutet er »die Annahme seines einen und einzigen Lebenszyklus und der Menschen, die in ihm notwendig da sein mussten und

durch keine anderen ersetzt werden können. Er bedeutet eine neue, andere Liebe zu den Eltern, frei von dem Wunsch, sie möchten anders gewesen sein, als sie waren, und die Bejahung der Tatsache, dass man für das eigene Leben allein verantwortlich ist ...«[23]

Fehlt diese Integrität, neigt der Mensch zu Lebensüberdruss und Verzweiflung. Er hat das Gefühl, dass die Zeit für ihn zu kurz ist, dass es sich nicht lohnt, ein neues Leben zu beginnen, dass alles doch keinen Sinn hat. Gelingt ihm aber die Integration, dann kann er ein selbstbestimmtes Leben als Individuum führen, er kann sich aber auch in Gemeinschaften einfügen. Der ideale, ältere Erwachsene ist einig mit der Welt und mit sich selbst. Er ist selbstbewusst.

So weit, so gut. Aber was ist zu tun, wenn man als Erwachsener feststellt, das man eben kein ausgeprägtes Selbstbewusstsein hat? Ist dann noch etwas zu retten?

Wir sagen: Ja, Selbstbewusstsein lässt sich auch im Erwachsenenalter aufbauen. Es ist mühsam, aber der Weg lohnt sich. Und wer es geschafft hat, der hat wirklich mehr vom Leben.

Um Ihnen einen möglichst guten Leitfaden zum Aufbau von mehr Selbstbewusstsein an die Hand zu geben, haben wir in psychologischer Fach- und Ratgeberliteratur recherchiert. Und siehe da: Etliche Autoren haben ein ähnliches Phasenmodell entwickelt wie Erik H. Erikson. Denn interessanterweise lässt sich damit nicht nur erklären, wie Selbstbewusstsein im Laufe des Lebens entsteht, sondern auch wie man es später nachholt. Das wollen wir mit Ihnen zusammen jetzt näher betrachten.

SELBSTBEWUSSTSEIN AUFBAUEN

In drei Schritten zu mehr Selbstbewusstsein

Um mehr Selbstbewusstsein zu gewinnen, braucht man nicht unbedingt sechs, acht, neun oder noch mehr Schritte – so wie andere Autoren das vorschlagen. Wir finden: Drei reichen vollkommen aus, die kann man sich auch viel besser merken. Zum besseren Verständnis beschreiben wir einen Schritt nach dem anderen, tatsächlich aber greifen alle drei Schritte in allen Phasen ineinander: Reflexion – Aktion – Autonomie.

Erster Schritt: Reflexion

Um selbstbewusst werden zu können, muss man zuerst herausfinden, wer man selbst ist. Herausfinden, nicht »erfinden«. Das verwechseln viele. Denn die gute Nachricht ist ja: Es gibt Sie schon. Ihr »Selbst« ist bereits da. Sie müssen es lediglich kennen lernen, mit all seinen Facetten, und – was noch viel wichtiger ist: Sie müssen es annehmen. »Das erste Opfer fehlender Selbstannahme ist das Selbstwertgefühl«, bringt es der Therapeut Nathaniel Branden auf den Punkt.[24]

»Wie soll ich mein schlechtes Selbstbewusstsein denn annehmen?«, mögen Sie fragen. »Wenn ich ganz ehrlich bin, ich kann mich doch selbst nicht leiden und will, dass endlich alles anders wird!« Aber wie wollen Sie etwas an sich ändern, wenn Sie nicht bei sich selbst anfangen? Der erste Schritt zur Lösung eines Problems ist immer, sich einzugestehen, dass es überhaupt existiert. Sie werden sehen: So schlimm ist das gar nicht.

Aber Vorsicht: Es geht nicht darum, jetzt in Selbstanklagen oder Wehleidigkeit zu verfallen. Das Ziel ist ein klarer Blick auf das, was Ihr Selbst ausmacht: Ihre Selbstbilder, Ihre Rollen, Überzeugungen und Werte, Ihre Gefühle und Bedürfnisse.

Erzählen Sie Ihre Geschichte

Wir sind, was wir von uns erzählen. Das klingt fast zu einfach, nicht wahr? Aber denken Sie an Ihren Alltag: Wenn Sie einem anderen zeigen wollen, wer Sie sind, erzählen Sie Geschichten aus Ihrem Leben: Lustige Anekdoten aus Ihrer Kindheit, spannende Abenteuer aus Ihren Urlauben, Sie erzählen von Ihren Erfolgen im Beruf, ihren Missgeschicken, was auch immer. Jeder Mensch verarbeitet seine Erfahrungen, indem er sie zu Geschichten formt. Und aus diesen vielen kleinen Geschichten entsteht dann seine gesamte Lebensgeschichte.

Kurioserweise ist diese Geschichte aber nicht wirklich »wahr«. Unwillkürlich hebt der Erzähler bestimmte Aspekte hervor, er lässt seine Werturteile und Deutungen einfließen, er vergisst vielleicht manche Begebenheiten, die ein anderer sehr wichtig gefunden hätte. Und er gibt der ganzen Geschichte einen bestimmten Sinn, ein Leitmotiv. Der eine meint vielleicht: »Ich bin schon immer dazu bestimmt gewesen, ein berühmter Architekt zu werden.« Und der nächste ist überzeugt: »Ich bin als Pechvogel geboren und werde es nie zu etwas bringen.« Wie es um dessen Selbstbewusstsein bestellt ist, können Sie sich vorstellen.

Interessant ist nun, dass die Erzählung der eigenen Lebensgeschichte, so wie jeder andere Text auch, bearbeitet werden kann. Sie kann korrigiert oder ganz neu geschrieben werden. Dabei geht es nicht darum, irgendwelche Lebenslügen zu erfinden. Ziel ist vielmehr, sich von dem zerstörerischen Einfluss einer selbst konstruierten Unglücksgeschichte freizumachen.

Psychologen gehen davon aus, dass das Erzählen der eigenen Lebensgeschichte jedem gut tut: Es entlastet die Psyche und entspannt sogar den Körper. Wer dagegen seine Geschichten oder Probleme »in sich hineinfrisst« und »mit sich selbst abmachen« will, muss sie ständig in Schach halten. Immer wieder drängeln sie sich ins Bewusstsein, immer wieder muss er sie unterdrücken. Das kostet viel Kraft. Und je mehr man versucht, Gedanken zu unterdrücken, desto präsenter werden sie. Dazu kommt ein Effekt, der auch als »Rumpelstilzchenprinzip« bekannt ist: Wenn etwas benannt wird, verliert es seine Macht.

Jeder hat das Recht auf eine Lebensgeschichte mit Happy End. »Es ist nie zu spät, eine schöne Kindheit gehabt zu haben«, spitzt es Heiko Ernst in der Zeitschrift *Psychologie heute* zu. Gut, das mag etwas übertrieben sein. Aber durchaus vertretbar findet Heiko Ernst den Satz: »Es ist nie zu früh, an der Geschichte eines erfüllten Lebens zu arbeiten.«[25]

Damit Sie sich das besser vorstellen können, hier zwei Kurzfassungen der gleichen Lebensgeschichte:

»Ich stehe immer auf der Schattenseite des Lebens. Bei meiner Geburt wäre ich fast gestorben. Auch meiner Mutter ging es sehr schlecht. Als Kind war ich oft krank. Als ich in der Grundschule war, ist meine Familie umgezogen, und ich habe alle meine Freunde verloren. Überhaupt war ich nicht besonders beliebt bei meinen Schulkameraden. Da habe ich mich eben zurück-

gezogen, Klavier geübt und Sport getrieben. Nach dem Abitur habe ich eine Ausbildung angefangen, weil ich die Kollegen nett fand. Nicht, weil mich die Sache sonderlich interessiert hätte. Ich bin dann in meinen ersten festen Job gestolpert, der mir aber nicht sehr gefallen hat. Meine Beziehungen zu dieser Zeit waren auch eher Fehlversuche, mein ganzes Leben verlief damals eher unerfreulich. Durch Zufall bin ich dann auf einen neuen Studiengang aufmerksam geworden. Klang ganz nett, auf jeden Fall besser als arbeiten. Deshalb habe ich studiert. Besser ging es mir aber trotzdem nicht. Das Studium habe ich fertig gemacht, und danach habe ich meinen Job nur deshalb bekommen, weil ich für die Firma irgendwie besonders billig war. Ich konnte durch meine Ausbildung und mein Studium nämlich zwei Jobs gleichzeitig bewältigen. Aber besonders spannend war es in diesem Unternehmen auch nicht. Deshalb habe ich dort gekündigt, jetzt mache ich etwas Anderes. Und das ist auch ziemlich anstrengend.«

Der gleiche Lebenslauf zeichnet, anders erzählt und ergänzt um ein paar Details, die vorher als »unwesentlich« unterschlagen wurden, gleich ein viel erfreulicheres Bild:

Ich habe immer das Beste aus allem gemacht. Wenn ich als Kind niemanden zum Spielen hatte, bin ich eben meinen Interessen nachgegangen. Mir hat es schon sehr früh Spaß gemacht, Sport zu treiben oder auf Musikinstrumenten zu spielen. In der Schule bin ich ganz gut zurechtgekommen, und in der Oberstufe habe ich auch endlich Mitschüler kennen gelernt, die auf meiner Wellenlänge lagen. Mit vielen bin ich bis heute befreundet. Nach der Schule wollte ich nicht studieren, ich wollte endlich etwas »Richtiges« arbeiten. Deshalb habe ich mich für eine handwerkliche Ausbildung entschieden – als erste und einzige aus meiner ganzen Familie. Nach ein paar Jahren wurde mir dieser Beruf zu langweilig. Glücklicherweise fand ich einen Studiengang, der mich sehr interessierte. Allerdings wurden jedes Jahr nur wenige Studenten zugelassen – ich war dabei. Das Studium machte mir großen Spaß und lag mir inhaltlich auch sehr. Deshalb konnte ich es schnell und gut abschließen. Noch bevor ich das Examen in der Tasche hatte, lag das erste Jobangebot auf dem Tisch. Ich entschied mich dann aber für einen anderen Arbeitgeber. Dort blieb ich zwei Jahre, dann wechselte ich die Stelle, weil ich mich weiterentwickeln wollte. Die Arbeit macht mir jetzt sehr viel Spaß. Ich habe – nach ein paar gescheiterten Beziehungsversuchen – jetzt auch einen ganz tollen Partner gefunden, mit dem ich mich sehr wohl fühle.

Spüren Sie, wie viel Schwere auf der ersten Geschichte lastet? Man fühlt sich ganz mies, wenn man sie nur liest. Das ganze Leben eine einzige Mühe, ein zielloses Herumdümpeln. Ganz anders in der zweiten Erzählung, die viel munterer daherkommt. Hauptperson ist ein aktiver und lebenslustiger Mensch, der seinen eigenen Weg geht und sich von Schwierigkeiten nicht unterkriegen lässt.

Es lohnt sich wirklich, die eigene Lebensgeschichte zu überdenken. Also: Gehen Sie spazieren, und überlegen Sie dabei, was Ihre Lebensgeschichte ausmacht. Oder fahren Sie Zug, oder setzen Sie sich an einen Fluss – ganz gleich. Hauptsache, Sie können Ihre Gedanken frei fließen lassen.

Konzentrieren Sie sich bei Ihrer Lebensgeschichte auf das Wesentliche, lassen Sie Nebensächliches einfach weg. Achten Sie darauf, wie alles mit allem zusammenhängt – das bestimmen nämlich Sie selbst. Malen Sie sich selbst ruhig in bunten Farben: Sie haben die Wahl, ob Sie sich als Glückskind oder ständigen Verlierer darstellen möchten. Beachten Sie auch, wer in Ihrem Leben wichtige Entscheidungen getroffen hat: Ihre Eltern? Ihre Partnerin bzw. Ihr Partner? Oder Sie selbst? Bitte schummeln Sie nicht – es geht nicht darum, Fakten zu verfälschen. Machen Sie sich aber bewusst, dass Sie das Heft in der Hand haben. Wenn Sie sich in der Vergangenheit häufig haben gängeln lassen, gut, dann war es eben so. Ob es in Zukunft so weitergeht, hängt ganz allein davon ab, ob Sie das so wollen, ob Sie es zulassen.

Und dann erzählen Sie. Sie können Ihre Geschichte ruhig jemandem berichten, der Sie gar nicht so gut kennt. Ihm (oder ihr) gegenüber haben Sie dann möglicherweise weniger Scheu, neue Erzählweisen auszuprobieren. Oder schreiben Sie Ihre Geschichte auf. Es kommt einfach darauf an, dass Sie diese Geschichte aus Ihrem Inneren hervorholen und ans Tageslicht bringen. Denn bei Lichte betrachtet sehen Sie vieles klarer, und vieles verliert seinen Schrecken.

Haben Sie Ihre neue Geschichte erzählt? Prima. Vielleicht kommt es Ihnen so vor, als sei sie nicht ganz stimmig. Als würde sie Ihnen nicht gerecht. Sie haben völlig Recht! Eine Erzählung kann niemals alle Details berücksichtigen. Sprache kann niemals die vielen Gefühle ausdrücken, die uns permanent begleiten. Trotzdem ist es Ihre Lebensgeschichte – nicht mehr, aber auch nicht weniger.

Es ist sehr wichtig, dass Sie die Prioritäten in Ihrem Leben bewusst setzen. Nicht nur für die Erzählung Ihrer Vergangenheit, sondern auch für Ihre Zukunft. Was wollen Sie in drei, fünf, zehn oder 25 Jahren wirklich erreicht haben? Nach welchen Prinzipien wollen Sie leben? Welche Werte halten Sie für erstrebenswert?

Auch dazu ist eine sorgfältige, intensive Selbstanalyse die Grundlage. Es ist sehr hilfreich, diese persönlichen Ziele aufzuschreiben und mit anderen darüber zu sprechen. Sie werden sehen: Ihr persönliches Grundgesetz kann eine enorme Wirkung entfalten. Es ist wie beim Segeln: Wenn man nur herumdümpelt und sich von einer Brise hierhin und von der anderen dorthin treiben lässt, kommt man nicht weit. Wenn man aber weiß, wohin man fahren will, und die Segel entschlossen setzt, kann man ganz schön in Fahrt kommen.

Aber auch hier gilt: Das Wetter ändert sich, der Kurs muss immer wieder neu gesetzt werden. Auch im Leben müssen wir unsere Ziele regelmäßig überprüfen und anpassen. Und wir müssen unsere persönliche Lebensgeschichte immer wieder aktualisieren.

Je differenzierter unser Bewusstsein von der eigenen Vergangenheit und unseren Zukunftsplänen ist, desto stärker wird unser Selbstbewusstsein.

Probieren Sie neue Rollen aus

»Neue Rollen ausprobieren? Oh Gott, wie anstrengend. Und wie peinlich!«, denken Sie vielleicht. Wir können Sie beruhigen: Es ist halb so schlimm, und wenn man die erste Hemmschwelle überschritten hat, macht es sogar Spaß. Klar, Ihre alltäglichen Rollen kennen Sie in- und auswendig. Sie wissen genau, wie Sie sich in Ihrem Job verhalten müssen, in welche Rolle Sie schlüpfen, wenn Sie mit Ihren Freunden zusammen sind, und welche Rolle Sie in Ihrer Familie spielen.

Jugendliche in der Pubertät scheuen keine Mühe, verschiedene Rollen zu testen: An einem Tag kommen sie mit Schlips und Hut in die Schule, am nächsten Tag mit grünen Haaren. Als Erwachsene haben sie irgendwann – wenn alles gut geht – ihre Rollen gefunden. Aber auch dann müssen immer wieder neue Verhaltensweisen geprobt werden: Etwa wenn man befördert wird und plötzlich Chef bzw. Chefin sein muss. Oder wenn man Vater oder Mutter wird. Oder seinen Job verliert und plötzlich »ein Arbeitsloser« ist. Oder wenn man in ein anderes Land auswandert und damit zu »einem Ausländer« wird.

In jedem Menschen steckt das Potenzial für sehr viele unterschiedliche Rollen. Je mehr Rollen er spielen kann, desto flexibler wird sein Selbstbewusstsein.

Also: Spielen Sie. Probieren Sie neue Rollen aus. Egal, ob Sie im Kaufhaus mal einen superschicken Manageranzug anprobieren oder ein gewagtes Abendkleid. Ob Sie in einer Karaokebar singen oder in einer Laienspielgruppe als Hamlet auftreten. Ob Sie zum Firmenjubiläum eine Rede halten oder sich einem Golfclub anschließen. Ob Sie ein Praktikum bei einem Filmproduzenten machen oder ehrenamtlich in der Kinderbibliothek arbeiten. Sie geben sich jedes Mal die Chance, über sich hinauszuwachsen. Und das kann Ihrem Selbstbewusstsein nur gut tun.

Integrieren Sie Ihre Teil-Selbste

Das Wort »Teil-Selbst« klingt so, als ob der Mensch ein mehrteiliger Ikea-Bausatz wäre, der sich zu einem Möbelstück zusammenbauen lässt. Das meinen wir natürlich nicht. Erinnern wir uns noch einmal an das Phasenmodell des Sozialpsychologen Erik H. Erikson. In jeder kritischen Lebensphase entwickelt der Mensch bestimmte Aspekte seiner Persönlichkeit, die sich im Laufe des Lebens zur Ich-Integrität verdichten.

Integrität – das kommt von »integrieren«, zusammenfügen. Wenn eine oder mehrere Lebensphasen nicht erfolgreich bewältigt werden können, dann kann es zur Abspaltung von bestimmten Aspekten der Persönlichkeit kommen. Diese Aspekte fügen sich dann nicht in das »Ich« der betroffenen Person ein, sie spuken gewissermaßen unkontrolliert herum und machen ihr das Leben schwer.

»Eine der Barrieren, die das Wachstum des Selbstwertgefühls verringern, können elterliche Stimmen sein, die das Individuum mit kritischen und sogar feindseligen Botschaften bombardieren«, erklärt Nathaniel Branden. »Als Therapeuten müssen wir wissen, wie wir diese negativen Stimmen ausschalten und aus einem feindselig gesinnten Mutter- oder Vater-Selbst eine positive Ressource machen können.«[26]

Die Psychotherapeutin Devers Branden, seine Frau, hat eine Methode entwickelt, mit der man in Kontakt mit diesen abgespaltenen Teilen des Selbst treten kann: Man setzt sich vor einen Spiegel und begibt sich innerlich in das Bewusstsein einer bestimmten Teilpersönlichkeit. In den »Ich-Zustand« des vierjährigen Kindes, das man einmal war, in den des rebellierenden Teenagers, in den »Ich-Zustand« des Vaters oder der Mutter oder in die Vorstellung des eigenen Selbstes mit einem anderen Geschlecht. Dann spricht man mit dem bewussten Erwachsenen-Selbst, das man im Spiegel sieht. Devers Branden empfiehlt, sich dabei an folgenden Halbsätzen zu orientieren und sie zu ergänzen:

► »Wenn ich hier so sitze und dich anschaue, ...«
► »Du behandelst mich genau wie Mutter, und zwar wenn Du ...«
► »Zu den Dingen, die ich immer von dir wollte und nie bekam, gehört ...«
► »Wenn ich mich von dir akzeptiert fühlen würde, ...«
► »Wenn ich das Gefühl hatte, dass du mir meine Kämpfe nachfühlen kannst, ...«

»Ziel ist immer die Integration und die Erfahrung einer größeren Ganzheitlichkeit«, erklärt Branden.[27]

Wenn Ihnen diese Methode nicht liegt, können Sie sich auch regelmäßig fragen:

▶ »Was würde ich jetzt gerne tun, wenn ich vier Jahre alt wäre?«
▶ »Wie würde ich reagieren, wenn ich ein Teenie wäre?«
▶ »Was würde meine Mutter jetzt sagen?«
▶ »Wie würde mein Vater diese Situation beurteilen?«
▶ »Was würde ich jetzt tun, wenn ich eine Frau/ein Mann wäre?«

Sie werden sich wundern: Plötzlich merken Sie, dass Sie eigentlich große Lust haben, einen Mittagsschlaf zu halten (wie als Vierjährige/r). Oder es wird Ihnen bewusst, wie unglaublich wütend Sie über die Ignoranz Ihres Chefs oder Ihrer Nachbarn sind (wie mit rebellischen 17 Jahren). Sie wissen plötzlich, dass Sie keine Lust auf Mittagessen haben, obwohl es exakt 12.30 Uhr ist (die Essenszeit Ihrer Mutter). Oder Sie erkennen, dass Sie mit einer Entscheidung zögern, weil Sie die Skepsis Ihres Vaters zu diesem Thema verinnerlicht haben. Sie gestehen sich ein, dass Sie eine solche Behandlung durch Ihren Chef niemals akzeptiert hätten, wenn Sie ein Mann gewesen wären. Oder dass Sie gern im Kino weinen, obwohl Sie keine Frau sind.

Wenn Sie auch mit diesen Fragen nicht weiterkommen, steht Ihnen eine weitere Möglichkeit zur Verfügung. Versuchen Sie mal, einem jener missliebigen Gefühle auf den Grund zu gehen, die sie sonst lieber sofort zur Seite schieben: Unsicherheit, Angst, Wut, Sorge, das Gefühl, an etwas Schuld zu sein oder irgendwie »minderwertig«.

▶ Konzentrieren Sie sich auf dieses Gefühl (auch wenn es sehr unangenehm ist).
▶ Atmen Sie tief, und entspannen Sie sich (auch wenn Sie viel lieber den Atem anhalten und die Arme fest vor der Brust verschränken möchten).
▶ Nehmen Sie dieses Gefühl bewusst als Ihr Gefühl an, lassen Sie sich darauf ein, hören Sie genau in sich hinein (auch wenn Sie lieber sofort mit Selbstbeschimpfungen beginnen würden).[28]

Auch hier können Sie Erstaunliches über sich selbst erfahren: Vielleicht sind Sie gar nicht wütend auf Ihren Partner, dass er Sie wegen einer Dienstreise allein lässt. Sondern Sie haben Angst, dass Sie in der Zwischenzeit »über die Stränge schlagen« könnten. Oder Sie stellen fest, dass Sie wegen eines versäumten Termins gar keine Schuldgefühle haben, sondern dass Sie Ihr Gegenüber gerne einmal richtig wütend machen wollten.

Schön sind solche Erkenntnisse sicher nicht. Aber dennoch: Mit jedem dieser Schritte kommen Sie Ihren Bedürfnissen und Emotionen ein Stückchen näher. Sie werden sich Ihres Selbstes immer mehr bewusst.

Zweiter Schritt: Aktion

Die Wurzel unseres Selbstbewusstseins, unseres Selbstwertgefühls und unserer Selbstwirksamkeit liegt in unserem Wissen, dass wir in der Lage sind, etwas zu tun. Mit reiner Reflexion ist es natürlich nicht getan – auf die Aktion kommt es an. »Unsere Handlungen sind eine Art Gymnastik, mit der wir die Selbstachtung fit halten«, schreiben die Psychologen Christophe André und François Lelord in ihrem Buch *Die Kunst der Selbstachtung*.[29] Ein Musiker darf sich auch nicht damit begnügen, auf seine Virtuosität stolz zu sein. Er muss ständig üben und auftreten, sonst verkümmert seine Kunstfertigkeit.

Schluss mit der Aufschieberitis

Also: kein Wandeln ohne Handeln. So einfach das klingt: Oft ist zwar die Erkenntnis da, aber mit der Umsetzung hapert es gewaltig. Wir kennen es von den guten Vorsätzen, die wir jedes Jahr zu Silvester fassen. Sie klingen gut. Aber sie werden aufgeschoben, vergessen, viele werden nie realisiert. Vor allem wenn es um langfristige Verhaltensänderungen geht. »Es klappt ja doch nicht«, heißt es dann oder: »Ich habe zu wenig Zeit«, »Das kann ich meinem Partner/meiner Partnerin nicht antun«, »Das kann noch bis nächstes Jahr warten« oder einfach: »Ich bin gerade nicht in der richtigen Stimmung«. Die Liste der Ausreden ist genauso lang wie die der guten Vorsätze. Kurzfristig redet man sich damit froh, langfristig fühlt man sich richtig elend. »Dadurch, dass Sie sich immer wieder etwas vornehmen, es aber dann nicht tun, untergraben Sie Ihr Vertrauen zu sich selbst und erweisen sich als unzuverlässig«, warnt Hans-Werner Rückert, Diplom-Psychologe, Leiter der Studienberatung an der FU Berlin und Autor des Buches *Schluss mit dem ewigen Aufschieben*.[30] Und noch mehr: »Aufschieben kann Sie Ihren Job kosten und Ihre Lebensqualität beeinträchtigen.« Ganz zu schweigen von Ihrem Selbstbewusstsein.

Dabei will kaum jemand ernsthaft aufschieben. Es ist wie eine Falle, wie ein Zwang: »Schon wieder den inneren Schweinehund nicht überwunden! Mehr Disziplin!« – nehmen wir uns vor und scheitern wieder. Warum? »Je mehr wir uns unter Druck setzen, je weniger wir uns erlauben zu entspannen und das Leben zu genießen, desto stärker wütet der innere Schweinehund«, erklärt

Marco von Münchhausen, Autor des Ratgeberbuches *So zähmen Sie Ihren inneren Schweinehund*. Je mehr man den inneren Schweinehund bekämpfe, desto bissiger werde er. »Wir müssen lernen, mit unserem Schweinehund zu leben – ihn zu zähmen«, rät der promovierte Jurist und Verleger, der mit seinen Jura-Karteikarten schon etlichen Rechtswissenschaftlern beim Überwinden ihres Lern-Schweinehundes und damit durchs Staatsexamen geholfen hat.

»Mit dem Aufschieben schützen Sie sich vor Gefühlen und Zuständen, die Sie bewusst oder unbewusst noch mehr fürchten als Ihre Unzufriedenheit während des Aufschiebens«, erklärt Psychologe Rückert. Wer seine Seminararbeiten oder seinen Projektabschluss immer erst »auf den letzten Drücker« und in einer »Nacht-und-Nebel-Aktion« fertig bekommt, der hat vielleicht eine irre Angst vorm Scheitern, weil er dazu neigt, seinen »Wert als Person mit Erfolg gleichzusetzen«. Oder er fürchtet sich vor einem Erfolg, der die Erwartung weiterer Erfolge und damit weiterer (Über-)Anstrengung mit sich bringen könnte. Oder er hat ein übertrieben positives Selbstbild von sich entworfen, das angesichts seiner durchschnittlichen Ergebnisse ins Wanken geraten könnte. Dann doch lieber aufschieben. »Der große Vorteil liegt darin, dass Sie mit Ihren Vorhaben noch nicht wirklich gescheitert sind, Sie könnten noch groß rauskommen«, legt Rückert den Finger in die Wunde. »Sie schützen durch das Aufschieben also den Mythos Ihres Potenzials.«

Ob Angst vor Überforderung, vor dem Scheitern oder vorm Erfolg: Der innere Schweinehund ist ein Teil unserer Persönlichkeit, so Münchhausen. »Solange wir einen Teil von uns bekämpfen, bekämpfen wir uns selber. Erst wenn wir es schaffen, diesen Teil anzunehmen und zu integrieren, kommen wir weiter.«

Das ist keine neue Erkenntnis. Neu ist aber von Münchhausens Idee, eben nicht in psychologischen Fachtermini von »Abspaltung« oder »inneren Blockaden« zu sprechen, sondern einem querulantisch sympathischen Fabelwesen die Schuld für unser »Versagen« in die Schuhe zu schieben. So wird es viel einfacher, sich das Phänomen vorzustellen und es zu verstehen. Vor allem dass »jeder wohl einen Schweinehund hat, aber nicht mit diesem identisch ist«. Denn so wichtig es auch sei, den inneren Schweinehund zu verstehen und »ab und zu gewinnen zu lassen« – er darf nicht zum bestimmenden Moment unseres Lebens werden, warnt Münchhausen. Aber wie bekommt man ihn in den Griff? Münchhausen empfiehlt uns eine ganz schlichte Fünf-Schritte-Strategie:

1. Treffen Sie eine eindeutige Entscheidung.
2. Machen Sie eine klare Zielplanung.

3. Beginnen Sie mit der konkreten Ausführung.
4. Kontrollieren Sie Ihre Zwischenergebnisse.
5. Belohnen Sie sich für Ihren Erfolg.[31]

Wie genau Sie die einzelnen Schritte im Berufsleben gehen können, erklären wir in einem späteren Kapitel.

Natürlich gibt es ganz verschiedene Aufschiebetypen, die mit grundlegenden Persönlichkeitsmerkmalen einhergehen und die Hans-Werner Rückert so unterscheidet:

Menschen mit **depressiven** Denk-, Fühl- und Handlungsstrategien neigen tendenziell zu Interesselosigkeit, zu einer abgesenkten Leistungs- und Konzentrationsfähigkeit, zu Antriebsarmut und Mattigkeit. Rückert: »Sie fühlen sich hilfs- und anlehnungsbedürftig und sind in Gefahr, sich von Menschen und Aufgaben, mit denen fertig zu werden wichtig wäre, gänzlich zurückzuziehen.«

Eher **zwanghafte** Menschen halten die preußischen Tugenden hoch: Ordnung, Sauberkeit, Pflichtbewusstsein, Methodik bis hin zum Perfektionismus. Sobald die Lage unübersichtlich wird oder gar Chaos ausbricht, sehen sie kein Land mehr – die Aufschieberitis bricht aus. »Sie können sich verbeißen und festfressen, weil es Ihnen innerlich häufig um Sieg oder Niederlage geht«, erklärt Rückert.

Phobisch veranlagte Zeitgenossen meiden »Lebhaftigkeit, Menschen, Auseinandersetzungen«. Sie schieben alles vor sich her, was ihnen Angst macht – und das sind häufig gerade die Herausforderungen, die, so Rückert, »ihr Leben bereichern und ihre Selbstverwirklichung voranbringen könnten«.

Realität und Phantasie sind für **hysterische** Menschen schwer zu trennen. Sie lieben die lauten Starts, das Drama und intensive Gefühle. Eine Sache kühl abzuwägen oder ein längeres Projekt durchzuhalten liegen ihnen nicht. Rückert: »Routine langweilt sie, und sie können sich nicht vorstellen, gelassener zu leben.«

In Reinform kommen diese Typen natürlich nicht vor. Bei den meisten Menschen mischen sich verschiedene Elemente zu einer individuellen Charakterstruktur, und die meisten haben auch keine gravierenden Probleme damit. Trotzdem ist eine so vereinfachte Typologie durchaus nützlich, wenn es darum geht, eigene Muster zu durchschauen. Aber Vorsicht: Wenn diese Persönlichkeitszüge extrem werden, wenn Zwänge oder Abhängigkeiten die Kontrolle über das eigene Leben übernehmen und das Selbstbewusstsein immer mehr beeinträchtigen, helfen Ratgeberbücher nicht mehr weiter. Dann ist es besser, therapeutische Hilfe in Anspruch zu nehmen.

Setzen Sie sich in Bewegung

Regelmäßiger Sport hilft weitaus wirksamer gegen dauerhafte Depressionen als Antidepressiva. Dies haben Forscher des Medizinischen Zentrums der Duke-Universität in Durham, North Carolina, herausgefunden. Das US-Team unter Leitung des Psychologen James Blumenthal hatte 156 Patienten mittleren Alters untersucht, deren Zustand sich durch sportliche Aktivitäten nach vier Monaten verbessert hatte. Nach weiteren sechs Monaten, so ergab die Studie, wurden acht Prozent der Sport treibenden Patienten wieder depressiv, verglichen mit 38 Prozent derer, die nur Antidepressiva eingenommen hatten. Auch Patienten, die gleichzeitig Sport trieben und Pillen einnahmen, wurden eher rückfällig.

Zwischen sportlicher Betätigung und dem Risiko der Rückfälligkeit gebe es ein »Umkehrverhältnis«, meint Blumenthal. »Je mehr Sport, umso geringer die Wahrscheinlichkeit, dass die depressiven Symptome zurückkehren.« Dabei spiele es möglicherweise eine Rolle, dass der Patient mit den Übungen eine »aktive Rolle« im Genesungsprozess übernehmen konnte. Dadurch wurde ihm das Gefühl von »Kontrolle und Erfolg« vermittelt. Was nichts anderes heißt als: Sein Selbstbewusstsein wurde gestärkt.[32]

Dass der Körper keineswegs nur tumber Befehlsempfänger eines hochfliegenden Geistes ist, beschreibt auch der Naturwissenschaftler Klaus Bachmann 1999 in der Zeitschrift *GEO*: Viele Experimente hätten gezeigt, »dass die menschliche Motorik vielfach ohne Einschaltung des Bewusstseins reagiert und agiert und dass wir über ein eigenes Bewegungsgedächtnis verfügen«. Mehr noch: Manche Biologen hätten die klassische Hierarchie sogar vom Kopf auf die Füße gestellt und vertreten nun »die Hypothese, die Fähigkeit der Menschenaffen, bewusst zu klettern – mithin ein Körper-Bewusstsein –, sei der evolutionäre Ursprung des Selbst-Bewusstseins«.[33]

Versuchen Sie es selbst: Kraxeln Sie auf einen Berg in den Alpen und spüren Sie, wie Ihnen das Herz aufgeht. Wie gleichgültig Ihnen plötzlich der Streit um die Kostenstellen in Ihrer Firma ist, wie nichtig die Unzuverlässigkeit der Putzkolonne erscheint. Sie werden völlig zurückgeworfen auf Ihren Körper und auf Ihr Selbst. Hier oben können Sie sich besonders gut darauf besinnen, was Ihnen in Ihrem Leben wichtig ist. Oder: Lernen Sie segeln. Setzen Sie sich und Ihren Körper dem Wind und dem Wasser aus und spüren Sie, dass Sie es lernen können, Ihre Bewegungen mit den Naturkräften in Einklang zu bringen. Genießen Sie das Glücksgefühl, wenn es Ihnen erstmals gelingt, auf Kurs zu bleiben und richtig hoch am Wind zu segeln. Oder belegen Sie einen Atemkurs. Hinterher meinen Sie, innen größer zu sein als außen und Berge versetzen zu können.

Wichtig ist, dass Sie die sportlichen Aktivitäten wirklich dazu nutzen, Ihren Körper zu erfahren. Und nicht etwa dazu, Ihre aus Frust verspeiste Tafel Schokolade abzutrainieren. Je mehr Sie Sport als Pflichtprogramm (schlimmstenfalls sogar als Selbstbestrafung) missverstehen, desto weniger haben Sie Lust dazu. Das ist schade. Denn damit bringen Sie sich um eine wunderbare Möglichkeit, Ihr Selbstbewusstsein zu steigern.

Verschiedene Sportarten wirken übrigens unterschiedlich auf Ihre persönliche Entwicklung: Experten gehen davon aus, dass vor allem Kampfsportarten das Selbstbewusstsein stärken, dass Gruppen- und Mannschaftssportarten helfen, die eigene Teamfähigkeit zu unterstützen, dass Tanz die Ausdruckskraft stärkt und Krafttraining (Bodybuilding) das Gefühl von Stärke.

Wir sind der Überzeugung, dass Ihnen letztlich jede Sportart zu mehr Selbstbewusstsein verhilft. Denn auch der Kontakt zu den Mitgliedern einer Sportmannschaft, ein verfeinertes Körpergefühl beim Tanzen und mehr Bizeps können dem Bewusstsein, das Sie über Ihr Selbst haben, nur gut tun.

Dritter Schritt: Autonomie

Autonom leben im Wortessinne hat nichts mit Steine werfenden Demonstranten zu tun. »Auto nomos« ist griechisch und bedeutet etwa: sich sein Gesetz selbst geben. Selbst entscheiden, was man tun will. Das Gegenteil davon wäre »Heteronomie« – abhängig zu sein von fremden Gesetzen. Die Kunst unseres Lebens besteht nun darin, beides miteinander zu verbinden: Sich selbst zu behaupten und gleichzeitig fähig zu sein zu Intimität in der Partnerschaft und Verbundenheit in Gruppen.

Sich selbst behaupten

Es ist wichtig, diesen komplexen Zusammenhang zu bedenken, um keine vorschnellen Urteile zu fällen. Stellen wir uns eine junge Muslimin vor, die sich entschließt, ein Kopftuch zu tragen und im engen Kreis ihrer Familie zu leben. Aus freiem Willen folgt sie den Regeln ihrer Religion und ihrer Kultur, auch wenn die westliche Gesellschaft dies für »unmodern« hält. Ist das etwa nicht auch Ausdruck eines autonomen Lebens? Eines hohen Selbstbewusstsein? Sicherlich eine Frage der Sichtweise.

Jemand, der seine Interessen rücksichtslos und mit Brachialgewalt durchsetzt, mag sich zwar sehr autonom fühlen, er verletzt dabei aber andere Menschen. Ein solches Verhalten zeugt gerade nicht von einem stabilen Selbstbewusstsein. Wer keinen Widerspruch verträgt, gerät schnell ins Wanken. Ein Beispiel dafür ist ein Mensch, der einen Wutanfall bekommt, wenn nicht sofort das geschieht, was er will. Oder wenn seine Extrawünsche nicht erfüllt werden.

Ähnliches gilt für Menschen, die auf alle Vorschläge mit einem Nein reagieren. Reflexartig wie aus der Pistole geschossen. Auch sie mögen sich sehr selbstbestimmt fühlen, aber sie bringen sich um eine große Chance: etwas zu tun, das gut für sie ist – obwohl die Idee dazu von einem Anderen kam. Notorische Neinsager sind gewissermaßen in ihrem Teeniealter stecken geblieben, als sie gegen ihre Eltern rebellierten. Damals war das durchaus wichtig, um die eigenen Grenzen gegen die der Eltern abzustecken. Wenn man sich aber sein ganzes Leben lang darauf fixiert, dagegen zu sein, dann verliert man aus den Augen, wofür man eigentlich leben will.

Umgekehrt gibt es auch Menschen, die zwar Ja sagen, aber sich später aus der Affäre ziehen. Indem sie Versprochenes nicht halten, sich zurückziehen etc. So umgehen sie zwar die unangenehme Situation, Nein zu sagen und dazu zu stehen. Der Preis dafür ist aber hoch, denn später werden sie von Schuldgefühlen und Gewissensbissen geplagt. Sie beschimpfen sich selbst für ihr unaufrichtiges Verhalten und schaden dadurch ihrem ohnehin labilen Selbstbewusstsein.

Auch ein märtyerhaftes Verhalten zeugt nicht von einem hohen Selbstbewusstsein. Noch schlimmer: Wer seine Interessen zurückstellt, seine Meinung nicht sagt, immer die Wünsche der anderen erfüllt, passiv bleibt und unsichtbar, der wird für diesen »Altruismus« nicht nur nicht anerkannt, er untergräbt auch sein eigenes Selbstbewusstsein. Psychologische Studien haben bewiesen, dass Selbstbehauptung nicht nur dazu dient, seine Wünsche durchzusetzen, sondern dass durch Selbstbehauptung sich das Selbstbewusstsein erst entwickelt.

Anders gesagt: Wer selbstbewusst auftritt und sich traut, seine Meinung zu sagen, zu widersprechen, Nein zu sagen oder etwas zu verlangen, stärkt sein Selbstbewusstsein. Wer schüchtern ist und seinen Mund hält, wird sein Selbstbewusstsein immer mehr verlieren. Der Erste freut sich über ein sich selbst bestätigendes System, der Zweite steckt in einem Teufelskreis.

Widerspruch fordert Widerstand heraus. Niemand hört es gern, wenn Sie ihm eine Bitte abschlagen oder ihm glasklar darlegen, für wie unsinnig Sie seinen Standpunkt halten. Aber: Wenn Sie sich selbst behaupten, heißt das nicht, dass Sie in der Achtung Ihres Gegenübers sinken. Im Gegenteil! Überlegen Sie doch selbst – wen finden Sie beeindruckender? Jemanden, der immer versucht es allen recht zu machen? Oder jemanden, der seinen eigenen Weg geht, auch gegen Widerstände?

Es gibt etliche Übungen, mit denen Sie Ihre Fähigkeit zur Selbstbehauptung testen und verbessern können.[34]

▶ **Nein sagen**
Wenn Sie etwas nicht möchten, müssen Sie Ihr Gegenüber nicht vor den Kopf stoßen. Viel leichter geht es, wenn Sie das »Nein zur Sache« mit einem »Ja zur Person« verbinden. Etwa so: »Ich freue mich sehr über Ihre Einladung, aber ich habe leider keine Zeit zu kommen.« Oder: »Ich finde es sehr nett, dass Du mir diese Aufgabe zutraust. Aber ich möchte sie trotzdem nicht übernehmen.«

▶ **Seine Entschlüsse durchziehen**
Sie haben den Entschluss gefasst, etwas zu tun oder zu lassen. Gut! Belassen Sie es dabei! Sie müssen niemandem erklären, warum Sie sich so entschieden haben. Das sollten Sie auch gar nicht tun. Denn sobald Sie versuchen, Ihre Entscheidung zu begründen, wird Ihr Gegenüber versuchen, Ihnen diese Gründe auszureden.

▶ **Blickkontakt suchen und halten**
Ein offener, direkter Blick ist ein Zeichen für Selbstbewusstsein. Nicht von ungefähr war es Sklaven in den Südstaaten verboten, eine weiße Frau direkt anzusehen. Auch heute noch wird der gesenkte Blick als Zeichen der Unterordnung verstanden. Wer dem Blick seines Gegenübers ständig ausweicht, kann auch für unaufrichtig oder schuldbewusst gehalten werden. Blicken Sie Ihrem Gesprächspartner deshalb offen und fest in die Augen. Aber bleiben Sie dabei gelassen. Es geht nicht darum, Ihr Gegenüber niederzustarren.

▶ **Aufrecht gehen und stehen**
Selbstbewusstsein hat etwas mit Aufrichtigkeit gegenüber sich selbst zu tun: Seine Bedürfnisse und Standpunkte nicht verleugnen, sondern dazu stehen. Dies wiederum drückt sich durch eine aufrechte Körperhaltung aus. Beide Füße fest auf dem Boden, ein gerader Rücken, ein erhobener Kopf. Stellen Sie sich einfach vor, Sie würden eine Krone auf dem Kopf tragen. Schon ist Ihre Körperhaltung geradezu majestätisch.

Mit anderen leben
Sich seiner selbst bewusst zu sein bedeutet zwar, seine eigenen Bedürfnisse wahrzunehmen und zu befriedigen, seinen eigenen Standpunkt zu vertreten. Es bedeutet aber auch die Fähigkeit, für die Bedürfnisse und Standpunkte der anderen offen zu sein. Beides gleichzeitig ist wichtig. Gemeint ist aber kein

»›Mittelding‹ zwischen Selbstbehauptung und Selbstunterdrückung, sondern die intelligente Umsetzung des Eigeninteresses in einem sozialen Rahmen«, erklärt Nathaniel Branden.[35] Der Mensch ist ohne die Gemeinschaft nicht denkbar, umgekehrt ist die Gemeinschaft ohne den Einzelnen nicht denkbar. Beides bedingt einander.

»Wirkliche Empathie ist ein Motor für die Entwicklung der Selbstachtung«, betonen auch die Psychologen Christoph André und François Lelord. »Mit ihrer Hilfe bleiben wir anderen nahe und finden ihre Wertschätzung.« Mehr noch: Die Empathie mache es uns auch leichter, uns selbst zu behaupten. Denn wenn wir zeigen, dass wir auf andere eingehen können, werden andere auch eher bereit sein, auf uns einzugehen.

Allen Tendenzen der Individualisierung zum Trotz: Der Mensch ist ein soziales Wesen. Er kann nicht leben ohne sozialen Rückhalt, ohne den Halt eines Beziehungsnetzes. Das betonen auch André und Lelord: »Sozialer Rückhalt bringt zwei für die Selbstachtung kostbare Dinge mit sich: das Gefühl, *geliebt* zu werden, und das Gefühl, *Hilfe* gewährt zu bekommen.«[36] Hier drei Tipps der beiden Psychologen, wie Sie Ihren sozialen Rückhalt stärken können:[37]

▶ **Zögern Sie nicht, um Unterstützung zu bitten**
Vielleicht fällt es Ihnen schwer, andere um einen Gefallen zu bitten. Drehen Sie die Perspektive doch einmal um. Wie fühlen Sie sich, wenn jemand Sie um einen Gefallen bittet? Je nachdem wer sie fragt und um was es geht, werden Sie Ihre Hilfe doch von Herzen gern anbieten. Warum sollte es Ihrem Gegenüber anders gehen? Aber rechnen Sie damit, dass man Ihnen nicht sofort helfen kann oder nicht genau so, wie Sie sich das vorgestellt haben. Ruhen Sie sich bitte auch nicht auf der Hilfe der anderen aus.

▶ **Aktivieren Sie Ihr soziales Beziehungsnetz regelmäßig**
Rufen Sie Ihre Freunde und Ihre Familie regelmäßig an, treffen Sie sich mit ihnen, tauschen Sie sich aus, teilen Sie schöne Erlebnisse miteinander. Das stärkt das soziale Gefüge, in dem Sie sich bewegen, und damit auch Ihr Selbstbewusstsein. Wenn Sie Ihr Beziehungsnetz immer nur dann aktivieren, wenn Sie etwas brauchen oder mal wieder so richtig jammern wollen, dann stoßen Sie bald auf Ablehnung.

▶ **Diversifizieren Sie Ihren sozialen Rückhalt**
In vielen Fällen ist es Ihre Familie, die Ihnen den Rücken stärkt. Vergessen Sie aber nicht, dass Sie auch enge Freunde haben, Kollegen und nicht so enge Bekannte. Studien haben gezeigt, dass Arbeitslose gerade über diesen äußeren Bekanntenkreis häufig eine neue Stelle finden.

Wir haben jetzt den Dreischritt von der Reflexion über die Aktion bis hin zur Autonomie geschafft und Ihnen einige Übungen vorgestellt, mit denen Sie Ihr Selbstbewusstsein im Alltag stärken können. Aus unserer Erfahrung wissen wir aber, dass viele Probleme mit dem Selbstbewusstsein im Beruf auftauchen: Wenn es darum geht, eine Gehaltserhöhung durchzusetzen. Oder im Vorstellungsgespräch, wo es darauf ankommt, sich selbst in einem möglichst guten Licht darzustellen. Nicht zuletzt muss sich jeder immer wieder gegen die lieben Kollegen durchsetzen, die ihre Arbeit gerne anderen zur Erledigung überlassen. Sie sehen: Ohne Selbstbewusstsein ist ein erfolgreiches Berufsleben nicht möglich. Grund genug, diesem Aspekt noch einmal genauer auf den Grund zu gehen.

SELBSTBEWUSST IM BERUF

Erster Schritt: Reflexion

Auch im Beruf besteht der erste Schritt zu mehr Selbstbewusstsein in einer schonungslosen Selbstanalyse: Wie arbeite ich am liebsten? Was sind meine Stärken? Wo habe ich Schwächen? Was geht regelmäßig im Chaos auf meinem Schreibtisch unter? Wie lange brauche ich für welche Aufgabe? Was tue ich leidenschaftlich gern? Was kann ich besser als andere? Wofür bekomme ich regelmäßig ein gutes Feedback?

Wenn Sie sich im Klaren darüber sind, was Sie können und wo Ihre Grenzen liegen, und wenn Sie dann auch noch mutig (selbstbewusst) dazu stehen, dann steht Ihrem beruflichen Erfolg nicht mehr viel im Wege.

Potenzialanalyse

»Wer bin ich?« – was beim Beruferaten mit Robert Lemke einst heiter war, ist heute ein ernstes Problem: Der Hochschulabsolvent grübelt darüber, ob er für seinen Traumjob wirklich geeignet ist oder, vice versa, welcher Beruf wohl am besten zu seiner Persönlichkeit passt. Unternehmen scheuen keine Kosten, um aus gewaltigen Bewerbermassen den einen herauszusieben, der mit seinem Intellekt und seiner Persönlichkeit einen vakanten Job perfekt ausfüllt. Wer hier Fehlentscheidungen trifft, riskiert im schlimmsten Fall den Erfolg eines Unternehmens oder Berufslebens – Grund genug, nach sicheren Entscheidungsgrundlagen zu suchen. Dabei bauen immer mehr Bewerber und Personalentscheider auf »objektive« Persönlichkeits- und Leistungstests.

Hunderte davon gibt es mittlerweile auf dem Markt – für Testverlage und Beratungsgesellschaften ein lukratives Geschäft. Einige unseriöse Anbieter sind darunter, die selbst gestrickte Verfahren anbieten, die ungenügend oder überhaupt nicht validiert wurden. Andere haben ungenügend qualifizierte Berater und sind deshalb nicht in der Lage, seriöse Instrumente richtig auszuwerten.

Persönlichkeitstests basieren in den meisten Fällen auf der Selbsteinschätzung der Kandidaten, die bestimmte Aussagen als für sie typisch oder untypisch klassifizieren müssen – Beispiel: »Es fällt mir leicht, fremde Menschen anzusprechen« oder »Bei meiner Arbeit achte ich auf Details«. Je nach Test zielen diese Fragen auf bestimmte Dimensionen der Persönlichkeit und weisen als Ergebnis einen bestimmten Typus aus. Wer sich einem »Insights-Leadership-check« unterzieht, erfährt zum Beispiel, ob er eher Direktor, Motivator, Inspirator, Berater, Unterstützer, Koordinator, Beobachter oder doch ein Reformer ist. Etwas abstrakter operieren der »16-Persönlichkeits-Faktoren-Test (16-PF-R)« oder der »Myers-Briggs-Typenindikator (MBTI)«, der auf der Typenlehre des Schweizer Psychoanalytikers C. G. Jung basiert.

Solche Testergebnisse können für die Selbsterkenntnis sehr interessant sein. Trotzdem sind Potenzialanalysen, die auf Selbsteinschätzungen beruhen, immer mit Vorsicht zu betrachten: Sie geben nie die tatsächliche Leistungsfähigkeit eines Menschen wieder, sondern nur sein Selbstbild. Und das kann verzerrt sein in die eine oder andere Richtung.

Dennoch ist besonders die positive Selbstwahrnehmung, so subjektiv sie auch sein, mag von größter Bedeutung. Hier finden Sie den Schlüssel für Ihre Zuversicht, hieraus nehmen Sie den Optimismus und die Überzeugung, dass sich aller Einsatz lohnt, nicht nur weil Sie können, wenn Sie wollen, sondern weil Sie wollen und wissen, Sie können auch etwas bewirken. Albert Banduras Theorie zur Selbstwirksamkeit, die ja auch ganz besonders in der Arbeitswelt wichtig ist, besagt, dass uns das Bewusstsein (der Glaube) von der eigenen Leistungsfähigkeit auch schwierigste Handlungen zuversichtlich in Angriff nehmen und erfolgreich zu Ende führen lässt. Erfolgreich sein beginnt also im Kopf, in Ihrer Vorstellungswelt, und dafür ist ein möglichst klares inneres Bild vom gewünschten Ergebnis, insbesondere aber auch von den eigenen Fähigkeiten, erforderlich.

Die Ressourcen für die Selbstwirksamkeit liegen u. a. in den eigenen positiven Handlungserfahrungen – je öfter, desto besser (*Das habe ich bereits schon erfolgreich gemacht*) – und in der stellvertretenden Erfahrung, die sich aus der Beobachtung anderer Personen speist (*Was der macht, kann ich auch*. Eventuell sogar: *Das kann ich besser*). Hinzu kommen sprachliche Erfahrungen, wenn andere Personen durch Lob oder Ermutigung signalisieren, das trauen wir Dir zu, das kannst Du schaffen.

Feedback fordern

Wer mehr über sich erfahren will, braucht nicht unbedingt einen Potenzialanalysetest. Er kann auch seine Freunde, Familie, Kollegen oder seinen Chef um Feedback bitten. Aber Vorsicht: Auch hier tappen Menschen mit wenig Selbstbewusstsein in eine Falle!

Studien haben gezeigt, dass wenig selbstbewusste Menschen besonders gerne negative Informationen über ihre eigene Person hören wollten, wohingegen selbstbewusste Menschen lieber mehr über ihre Stärken erfahren möchten.[38] Wer wenig Selbstbewusstsein hat, kann auch Komplimente nur schlecht annehmen und neigt dazu, die eigene Leistung herabzusetzen (»Ach, da habe ich doch nur Glück gehabt«), als etwas Durchschnittliches hinzustellen (»Jeder andere hätte das auch gekonnt«), den eigenen Beitrag am Erfolg zu leugnen (»Die Idee kam eigentlich von unserer Praktikantin, ich habe sie bloß umgesetzt«) oder ein Kompliment mit einem Gegenkompliment zunichte zu machen (»Deine Ergebnisse waren doch viel brillanter als meine«).

Das ist schade, denn so bringen Sie sich nicht nur um ein wunderbares Kompliment, Sie stoßen darüber hinaus auch noch Ihr Gegenüber vor den Kopf. Denn so leicht ist es gar nicht, ein Kompliment zu formulieren. Viel schöner für beide Seiten ist es, wenn Sie das Kompliment offen annehmen und sich einfach dafür bedanken. Etwa so: »Ich freue mich, dass Sie mit meiner Leistung zufrieden sind.« Oder: »Wie schön, dass dir die Idee auch so gut gefällt.«

Im Alltag nimmt man sich häufig gar keine Zeit, Komplimente zu machen oder auch nur ein kurzes Feedback zu geben. Kein Kommentar zum gelungenen Vortrag, kein Lob für das eben abgeschlossene Projekt. Was tun? Ganz einfach: Fordern Sie Feedback! Offen und freundlich. Dann sehen Sie selbst klarer, wo Sie stehen.

Zum Beispiel so:

▶ Wie finden Sie meinen Vorschlag?
▶ Was halten Sie von meinen Ergebnissen?
▶ Sehen Sie Verbesserungsmöglichkeiten?

Marketing in eigener Sache
Einer der wirksamsten Hebel zur Steigerung des eigenen Selbstbewusstseins ist »Marketing in eigener Sache«. Das funktioniert genau wie in der Werbung auch mit starken Geschichten und einprägsamen Bildern.

Der Grund: Nicht nur unser Selbstbild setzt sich aus den Erzählungen zusammen, die wir im Kopf mit uns herumtragen. Genauso besteht auch das Bild, das andere Menschen von uns haben, aus den Geschichten unserer Erfolge, unserer Heldentaten und auch den unserer Missgeschicke. Wir sind es selbst, die diese Geschichten liefern! Wer also ständig von seinen Misserfolgen spricht, braucht sich nicht zu wundern, wenn andere ihn für nicht erfolgreich halten. Wer es aber versteht, hier und da eine kleine Heldengeschichte über sich selbst zu erzählen, der verankert sich entsprechend glorreicher im Gedächtnis seines Gegenübers. Kein Wunder wenn auf den Unternehmensfluren dann zu hören ist: »War Herr Müller nicht der, dem es damals gelungen ist, das völlig festgefahrene Projekt zu retten ...?«

Versuchen Sie also, Ihre Fähigkeiten in Bildern und Geschichten zu kommunizieren. Am besten möglichst konkret: »Ich habe das neue Produkt X auf den Markt gebracht. Es konnte innerhalb eines Vierteljahres einen Marktanteil von 40 Prozent erreichen.« Oder: »Ich habe Personalentwicklung in unserem Unternehmen eingeführt. Seitdem sind wir viel zufriedener mit dem Erfolg unserer Auszubildenden.« Unterschätzen Sie auch nicht die Storys aus Ihrem Privatleben, die ein positives Licht auf Sie werfen. »Ich habe innerhalb von drei Tagen Ski fahren gelernt. Es hat mir riesigen Spaß gemacht. An unserem letzten Urlaubstag bin ich sogar eine ›schwarze Piste‹ heruntergefahren.« Wie klingt das? Doch wohl besser als Geschichten über verpasste Zuganschlüsse und angebrannte Geburtstagskuchen.

Marketing in eigener Sache sollte nicht nur punktuell, sondern permanent betrieben werden. Dazu eignen sich neben Meetings oder Präsentationen auch die täglichen Telefonate und E-Mails. Damit können Sie nicht nur bei Ihren Chefs und Kollegen punkten, Sie steigern zugleich auch Ihr Selbstbewusstsein.

Hier noch ein paar Tipps für das Marketing in eigener Sache:

▶ **Kommen Sie sofort auf den Punkt**
Bei einer Mail gehört die zentrale Info in die Betreffzeile. Bei einem Telefongespräch äußern Sie deutlich, was Sie wollen, nachdem Sie sich vorgestellt und ggf. einen kurzen Small Talk gehalten haben.

▶ **Streichen Sie alle Unsicherheitswörter**
Füllwörter wie »eventuell« oder »eigentlich«, außerdem Konjunktive wie »würde gerne« weisen auf ein geringes Selbstbewusstsein hin. Die Kommunikationspartner werden Ihre Bitte nicht besonders Ernst nehmen. Das wiederum stürzt Sie in Unsicherheit und untergräbt Ihr Selbstbewusstsein. Also: Tun Sie sich selbst einen Gefallen und reden Sie Klartext.

▶ **Machen Sie sich sichtbar**
Nicht nur durch Ihre Körpersprache, sondern auch durch Ihre Ausdrucksweise. Wagen Sie ruhig prägnante Aussagen wie »Ich finde das toll«. Das wirkt viel stärker als ein Satz wie »Diese Idee lässt sich durchaus umsetzen«. In der Werbung funktioniert es genau so: Da werden Emotionen angesprochen und mit einem Produkt verknüpft, damit es besser in Erinnerung bleibt.

▶ **Zeigen Sie Ihre Unabhängigkeit**

Das Jammern über die unfähigen Kollegen macht vielleicht Spaß, aber es fällt negativ auf Sie zurück: »Frau Meier hat wieder die Ablage falsch sortiert, deshalb konnte ich den Vorgang nicht finden und war sauer.« Das mag vielleicht so sein. Aber Sie sind doch die kompetent handelnde Person! Weder Ihr Gefühlshaushalt noch Ihr Erfolg sollten von dem abhängen, was andere tun. Sie sind aktiv! Sie tragen die Verantwortung! Wie wäre es also mit: »Zum Glück habe ich den Vorgang in der Ablage gefunden, so konnte ich den Auftrag rechtzeitig erledigen.«

Auch solche Geschichten bleiben anderen in Erinnerung. »Unsere Sekretärin? Ja, die kriegt alles hin, egal welches Chaos um sie herum herrscht.«

Zweiter Schritt: Aktion

Kurioserweise haben genau die Menschen Angst vor Erfolg, die ihn für ihr Selbstbewusstsein eigentlich gut brauchen könnten. Die Schüchternen, die mit geringer Selbstachtung. Psychologen sprechen von »kognitiver Dissonanz«. Sie meinen damit den Widerspruch zwischen dem negativen Selbstbild, das Personen mit geringem Selbstbewusstsein von sich haben, und dem positiven Feedback, das sie bekommen. Dieser Widerspruch bereitet ihnen großes Unbehagen. Dazu gesellt sich die Angst, dass ein Erfolg eine Eintagsfliege gewesen sein könnte und man sein Umfeld in Zukunft nur enttäuscht. Dadurch wird die Lust am Erfolg gedämpft, das Selbstbewusstsein bekommt keine Stärkung ab. Menschen mit viel Selbstbewusstsein dagegen können Ihre Erfolge viel besser genießen. Erfolge bestätigen die Vorstellung, die sie von sich selbst haben.

Über sich selbst nachdenken und über sich selbst sprechen sind nur der erste Schritt. Jetzt müssen also Taten folgen!

Mut zum Erfolg ...

Rufen wir uns noch einmal die Fünf-Schritte-Strategie von Marco von Münchhausen ins Gedächtnis zurück:

1. Treffen Sie eine eindeutige Entscheidung.
2. Machen Sie eine klare Zielplanung.
3. Beginnen Sie mit der konkreten Ausführung.
4. Kontrollieren Sie Ihre Zwischenergebnisse.
5. Belohnen Sie sich für Ihren Erfolg.

Zugegeben, das klingt sehr einfach. Aber die fünf Schritte haben es in sich.

1. Eine »eindeutige Entscheidung« etwa ist das Ergebnis einer Liste zum Thema »Was ich schon immer erledigen wollte«. Je länger die Liste, desto mehr Möglichkeiten, die »halbherzigen« Vorhaben ein für alle Mal zu streichen. Was übrig bleibt, kann einer Art Hochrechnung unterzogen werden: Welche Vorteile bringt es mir in einem Monat, in einem Jahr, in zehn Jahren, wenn ich mein Vorhaben endlich angehe und verwirkliche? Und welche Nachteile bringt es, wenn ich nicht handele? Wenn man dabei herausfindet, dass der eigene Arbeitgeber sich wahrscheinlich nur noch zwei Jahre am Markt halten kann, man dann auf der Straße stehen wird mit einem Qualifikationsprofil, das nicht mehr den Anforderungen entspricht – dann ist es nicht mehr so schwer, eine eindeutige Entscheidung zu treffen: »Jetzt bilde ich mich weiter.« Oder: »Jetzt suche ich mir einen neuen Job.«

2. Im nächsten Schritt geht es um die »klare Zielplanung«. Diese steht und fällt mit der Formulierung. Wer sich vornimmt: »Ich sollte mal mehr Stellenanzeigen lesen«, kann sicher sein, dass er gar nichts tun wird. Denn er hat sich nicht überlegt, wann er das tun will, wie viele Anzeigen in welchem Medium er studieren möchte, worauf er sich bewerben will und überhaupt: Weist das Wörtchen »sollte« nicht schon darauf hin, dass er etwas zwar tun soll, aber eigentlich nicht will? »Realistisch und machbar, positiv formuliert, konkret messbar, terminiert und mit einem klaren Zielbild versehen« sollte die Zielplanung laut Münchhausen sein.

Und sie sollte echter Einsicht und freiem Willen folgen. Das Arbeitsleben schreibt schon genug Abläufe und Zwänge vor, die dem Wunsch nach Selbstbestimmung zuwiderlaufen. »Sie beugen sich dem Sachzwang, aber nicht vollständig, und Sie betätigen Ihren Eigenwillen, indem Sie aufschieben«, erläutert Hans-Werner Rückert, Diplom-Psychologe und Leiter der Studienberatung an der FU Berlin. Wer seine Pläne wirklich in die Tat umsetzen will, sollte sich deshalb Ziele setzen, die der eigenen Persönlichkeit wie auch den eigenen Motiven entsprechen. »Persönlich angemessene Ziele berücksichtigen Ihre Eigenheiten ebenso wie Ihr persönliches Tempo und verlangen nicht, dass Sie sich über Nacht auf magische Art verwandeln«, weiß Rückert. Und sie lassen sich »in kleine, überschaubare und zeitlich begrenzte Einheiten zerlegen, die Sie dann in kleinen Schritten etappenweise angehen«, ergänzt von Münchhausen.

3. Und damit wären wir bei der »konkreten Ausführung«. Dabei sind die entscheidenden Momente der Start und das Durchhalten in schwachen Augenblicken. »Beginnen Sie auch dann, wenn Sie meinen, ›noch nicht so richtig in Stimmung‹ zu sein«, rät der Schweinehund-Kenner Münchhausen. Aktion bewirke Motivation. Wer während der Umsetzung in ein Motivationsloch bzw. in einen starken Sog hin zu seinem Fernseher, seinem Kühlschrank oder dem neuesten Ikeakatalog gerät, kann sich Rückert zufolge mit dieser Frage retten: »Muss ich wirklich, jetzt und sofort?« Wahrscheinlich nicht. Viel schöner sind diese Verführungen als verdiente Belohnung, später, nach getaner Arbeit.

4. Das »Tal der Tränen« während der Umsetzung lässt sich viel leichter durchschreiten, wenn man sich regelmäßig über das Erreichen von Etappenzielen freuen kann. Das ist gemeint mit der »Kontrolle der Zwischenergebnisse«. Wir können diese Einschätzung nur bestätigen. Besonders schöpferische Studierende machen Aufzeichnungen über ihren Arbeitsfortschritt, gehen diese Aufzeichnungen immer wieder durch und überwachen so die Umsetzung ihrer Pläne. Außerdem suchen sie sich »soziale Unterstützung«, weiß der Psychologe Rückert aus seiner Praxis.

5. Damit wären wir beim letzten Punkt: dem Feiern. »Betrügen Sie sich niemals um die versprochene Belohnung, das würde Ihnen Ihr Schweinehund aufs schwerste verübeln!«, mahnt von Münchhausen. Je besser man sich für getane Arbeit belohne, desto zahmer werde der innere Schweinehund. Das sieht auch Rückert so. »Schauen Sie sich die Dinge an, die Sie bislang dann gemacht haben, wenn Sie ausgewichen sind«, rät er. Mit Freunden im Café hocken oder kochen, allein im Internet surfen oder Zeitschriften schmökern, im Technikmarkt auf Schnäppchenjagd, im Musikladen CDs Probe hören oder über den Flohmarkt stromern? »Alles, was Sie gerne und häufig machen, ist als Belohnung geeignet«, unterstreicht Rückert.

Für besonders hartnäckige Fälle empfiehlt er sogar »Bestrafungen«: Man könne zum Beispiel mit einem guten Freund vereinbaren, ihm sein Monatsticket für den Stadtverkehr zu schenken und nur noch mit dem Fahrrad zu fahren, wenn man das gesteckte Ziel nicht erreicht. Das zieht natürlich nur, wenn man nicht gerne Fahrrad fährt. Von Münchhausen lehnt solche harten Methoden ab. »Den Schweinehund an die Hand nehmen, ihn zum Freund machen« – das ist für ihn der Königsweg. Und ihm keine Planungen vor die Nase setzen, die nicht mit den eigenen Interessen, Bedürfnissen und Fähigkeiten überein gehen.[39]

Also: Seien Sie nicht so streng mit sich. Akzeptieren Sie Ihren »Schweinehund« als Teil Ihres Selbstes. Ihrem Selbstbewusstsein kann das nur gut tun.

... und zum Misserfolg

Sie kennen es sicher selbst. Sie haben ein tolles Projekt vor sich, aber jedes Mal, wenn Sie damit beginnen wollen, haben Sie den dringenden Impuls, erst mal die Mails abzurufen. Oder etwas zu essen. Sie vollführen einen Eiertanz um eine zu erledigende Aufgabe herum, verschwenden Zeit und Geld. Der Grund: Angst vor Misserfolg. Schlimmstenfalls schieben Sie die Sache so lange vor sich her, bis Sie wirklich einen Misserfolg erleiden. Dann können Sie sich sagen: »Ich hab's ja gewusst, ich kann es nicht.« Ein Teufelskreis, der Ihr Selbstbewusstsein immer mehr aufzehrt.

Wer handelt, muss auch Misserfolge einkalkulieren. Mit einem hohen Selbstbewusstsein fällt das leichter, weil Misserfolge eher als »Ausreißer« interpretiert und nicht so ernst genommen werden. Immerhin bieten sie die Chance, etwas daraus zu lernen. Wer über kein stabiles Selbstbewusstsein verfügt, lässt sich von Misserfolgen leicht entmutigen. »Es hat ja doch keinen Sinn«, mag er denken und sich guten Gewissens wieder in den Schmollwinkel zurückziehen. Dort hängt er dann Tagträumen nach und lässt es zu, dass sein Selbstbewusstsein jeden Tag ein bisschen mehr zu einem erbärmlichen Häuflein zusammenschrumpft.

Lassen Sie das nicht zu. Treten Sie in Aktion. Dazu müssen Sie nicht unbedingt Münchhausens Fünf-Schritte-Strategie verfolgen. Sie können sofort ins kalte Wasser springen – zum Beispiel jetzt gleich: Greifen Sie zum Telefon und vereinbaren Sie mit der Sekretärin Ihres Chefs einen Termin für Ihre nächste Gehaltsverhandlung. Schicken Sie eine Onlinebewerbung los. Nehmen Sie sich die *FAZ* vom vergangenen Samstag, und blättern Sie die Stellenanzeigen durch. Formulieren Sie Ihre Produktidee, und schicken Sie diese per E-Mail an Ihren Chef. Verabreden Sie sich mit dem Leiter der Nachbarabteilung zum Mittagessen. Und melden Sie sich endlich zu der Fortbildung an, die Sie schon jahrelang machen wollten. Sie werden sehen, so schlimm ist es gar nicht. Im Gegenteil: Es macht sogar Spaß.

Professionelles Auftreten

Kompetenz alleine reicht nicht. Um im Job Erfolg zu haben, muss man sie auch selbstbewusst darstellen können. Nichts anderes bedeutet »Professionalität«. Michaela Pfadenhauer von der Universität St. Gallen hat es herausgefunden: »Der Professionelle ist ein darstellungskompetenter Kompetenzdarsteller.« Was sich anhört wie ein Witz, ist soziologischer Fachjargon. Gemeint ist Folgendes: Wer im Job anerkannt werden will, braucht nicht nur Fachwissen, sondern auch »Erfolgswissen«: Welche Rollen werden in meinem Beruf gespielt? Wie inszeniere ich mich als Experte? Welche Symbolik steht mir in meiner Position und in meiner Branche dafür zur Verfügung? Auch das Wissen um die spezifische Charakteristik Ihres Branchen-„Theaters« ist Teil Ihres Selbstbewusstseins.

Michaela Pfadenhauer hat einige der Inszenierungsmethoden beschrieben, die sich so oder ähnlich in vielen Branchen finden:

Eine – sicher nicht in jedem Falle angemessene – Methode, sich gegenüber anderen als überlegen darzustellen, besteht zum Beispiel darin, den Ungeduldigen zu markieren: auf die Uhr schauen, mit den Fingern trommeln, sich vom Gesprächspartner abwenden, ihn unterbrechen oder heftig mit dem Kopf nicken etc. Ärzte setzen diese Methode gerne gegenüber kritischen oder widerspenstigen Patienten ein. Dazu kommt, dass die Patienten gezwungen sind, Termine zu vereinbaren und im Wartezimmer zu sitzen, bis sie aufgerufen werden – ein Arrangement, in dem alles darauf hinweist, dass die Zeit des Professionellen kostbarer ist als die des Klienten.

Viele Führungskräfte verhalten sich genauso: Sie sind nicht erreichbar, sie lassen auf sich warten, und wenn sie sich einmal Zeit für ein Gespräch nehmen, handelt es sich um wenige kostbare Minuten. Aber, mag man einwenden, die Terminkalender der Manager sind eng gestrickt. Das ist natürlich richtig. Dennoch wird der Effekt der Ungeduldsinszenierung von vielen gezielt eingesetzt, um Macht zu markieren. Gut zu wissen: zum einen, um die ständige Hektik der Chefs nicht mehr so ernst zu nehmen. So selbstbewusst, wie sie immer tun, sind sie möglicherweise gar nicht. Und zum anderen, um bei der einen oder anderen Gelegenheit selbst mal ein bißchen Ungeduld zu markieren. Das ist sogar notwendig, weil umgekehrt gilt: Wer viel Geduld hat, kann nicht wichtig sein. Also: Nehmen Sie sich selbst und Ihr Selbst wichtig.

Michaela Pfadenhauer hat außerdem untersucht, wie sich Experten mit anderen Experten unterhalten. Ergebnis: Sie sprechen vor allem über ihre »Expertenkompetenz«. Darüber, »was der Experte als Experte macht, und warum er das, was er macht, so macht, wie er es macht«, schreibt die Soziologin. Garniert werden diese Gespräche natürlich mit Fachbegriffen. Unterhalten sich Experten mit Laien, neigen sie zu simplifizierenden Darstellungen, zu abwiegelnden Rechtfertigungen oder aber zu Dramatisierungen (»Wenn Sie die Details kennen würden …«). Zweck der Übung ist in beiden Fällen wieder die eigene Darstellung als Profi. Im Gespräch unter Experten geht es dabei nicht zuletzt um ein Gerangel darum, wer den höheren Status hat, mehr Ressourcen mobilisieren kann etc. Also – genau wie beim Thema »Ungeduld« – wieder um Macht. Und um die Demonstration von Selbstbewusstsein.

Allerdings: Das Selbstbewusstsein der klassischen »Professionellen« bröckelt derzeit, denn ihre Kompetenz wird zunehmend angezweifelt: von Gegenexperten (die ihre Meinung z. B. im Internet verbreiten), aber auch von den Profis selbst. Sie scheinen Pfadenhauer zufolge »selber immer weniger davon überzeugt zu sein, dass ›ihre‹ Problemsichten und Lösungswege die einzig möglichen, adäquaten und Erfolg versprechenden sind«.

Wenn Sie zu den so genannten Gegenexperten oder zu den »New Economics« gehören, ist das Ihre Chance: Pfadenhauer zufolge ist dieser Typus ein cleverer Alltagsprofi ohne Uniabschluss, der von Job zu Job »hoppt« und sich das benötigte Wissen jeweils vor Ort aneignet. Seine große Zeit war die »New Economy«, in Konsolidierungsphasen wie jetzt werden Experten mit Brief und Siegel wieder bevorzugt.

Trotzdem sollte es Ihrem Selbstbewusstsein keinen Abbruch tun, wenn Sie nicht über einen Stapel von Diplom- oder Promotionsurkunden verfügen. Sie können Karriere auf Ihrem ganz eigenen Weg machen, wenn Sie sich von den vorherrschenden Meinungen der Personalverantwortlichen nicht beeindrucken lassen. Es gibt immer Beispiele dafür, dass es auch ganz anders geht, als sich die alten Profis das vorgestellt haben. Und damit wären wir beim Thema »Autonomie«. Nach seinem eigenen Gesetz leben.

Dritter Schritt: Autonomie
Der Arbeit Grenzen setzen
Wenn Sie in einem Unternehmen angestellt sind, müssen Sie sich in die dortigen Strukturen einfügen. Sie müssen die für Ihre Branche und Ihre Position gängigen Umgangsformen kennen und anwenden, wenn Sie Erfolg haben wollen. Paradoxerweise dürfen Sie dabei aber nicht mit Haut und Haar in diesen Strukturen aufgehen! Sie müssen sich immer bewusst darüber sein, dass Sie viel mehr sind als nur ein Manager oder ein Mitarbeiter. Ihre Kompetenzen und Erfahrungen reichen weit über das hinaus, was Sie im Unternehmen zeigen können. Und Sie leben nicht nur, um zu arbeiten, sondern Sie leben und arbeiten. Zu Ihrer beruflichen Selbstbehauptung gehört nicht nur, dass Sie Ihre Ideen durchsetzen, befördert werden und aufsteigen. Dazu gehört auch, dass Sie klare Grenzen setzen. »Nein, heute mache ich keine Überstunden, ich habe ein Meeting mit meiner kleinen Tochter im Schwimmbad.« Das ist nämlich manchmal genauso wichtig wie der aktuelle Projektabschluss.

Diese Grenzen müssen Sie selbst setzen, das übernimmt niemand für Sie. Sie selbst müssen sich die Freiheit nehmen, die Sie brauchen. Die Freiheit kommt nicht von selbst. Auch die heute viel beschworene »Work-Life-Balance« kommt nicht von allein. Dafür müssen Sie kämpfen, und dazu brauchen Sie eine Menge Selbstbewusstsein.

Diese neudeutsch so genannte »Work-Life-Balance« schreiben sich zwar immer mehr Unternehmen auf die Fahnen. Flexible Arbeitszeiten sind schon fast überall im Angebot. Unternehmen wie Siemens, Volkswagen und Ford bieten darüber hinaus die Möglichkeit, auch mal zu Hause zu arbeiten. Und wer für Roland Berger im Einsatz ist, kann auch mal ein halbes Jahr Auszeit nehmen. Mit Fitnessräumen und einem »Betriebsrestaurant« neben den Büros trumpft der Autozulieferer Brose auf, während Porsche seine Manager zum »Boxenstopp« schickt, wo sie auf Herz und Nieren gecheckt und in Sachen Gesundheit beraten werden.

All diese wunderbaren Errungenschaften sind indes mit Vorsicht zu genießen. »Der Arbeitsplatz spielt mit unzureichenden Mitteln Freizeitpark und Lebensproblemlöseanstalt«, mokiert sich die Schweizer Unternehmensberaterin Betty Zucker. Sie vermutet, dass Unternehmen mittels Work-Life-Balance-Programmen nur noch mehr Einfluss auf das Leben ihrer Mitarbeiter zu nehmen versuchen. Dagegen sollten Sie sich wehren.

Und immer mehr Menschen tun dies auch. Langsam ändern die Menschen, vor allem die Männer, ihre Einstellung. Eine Studie des Familienministeriums zeigt, dass sich nur noch ein Drittel der Väter in Deutschland als »reine Brotverdiener« versteht. Etliche Vertreter der Erbengeneration können es sich sogar leisten, gar nicht oder nicht voll zu arbeiten. Wieder andere haben sich ein bescheidenes Leben eingerichtet und suchen nach einem anderen Glück als ihre Wirtschaftswundereltern.

Wichtig ist, dass Sie darauf schauen, was für Sie selbst gut und wichtig ist. Und nicht darauf, was andere für richtig halten.

Den Kollegen Grenzen setzen

In einem Unternehmen spricht sich schnell herum, wer sich widerstandslos Extraarbeit aufdrücken lässt. Wem man mal eben eine unangenehme Aufgabe in die To-do-Ablage schleusen kann. Es sind immer die Gleichen, die Zusatzaufgaben klaglos annehmen, und es sind immer die Gleichen, die ihre Arbeit gerne auf andere abwälzen. Dann gibt es Kollegen, die immer alles besser wissen, immer dagegen sind oder immer dem zustimmen, was der Boss sagt. Sie alle können Ihnen das Arbeitsleben schwer machen. Wenn Sie aber verstehen, warum Ihre lieben Kollegen so sind, wie sie sind, und was das mit deren Selbstbewusstsein zu tun hat, können Sie sich selbst viel besser wehren.

Natürlich finden wir es nicht gut, Menschen in Schubladen zu stecken. Grobe Kategorisierungen werden der menschlichen Vielfalt niemals gerecht. Trotzdem öffnen sie manchmal den Blick für die Macken der anderen – und für unsere eigenen. Wenn Sie diese Macken besser durchschauen, können Sie sich auch besser gegen sie wehren – was sowohl Zeichen Ihres Selbstbewusstseins ist, als auch Ihr Selbstbewusstsein stärkt.

Betrachten wir also eine kleine Typologie von verschiedenen Bürotypen, und wie es um ihr Selbstbewusstsein bestellt ist.

Der Prinzipienreiter

Wenn nicht alles genau so gemacht wird, wie er es für richtig hält, dann ist es falsch. So denkt der Prinzipienreiter, und das ist ein sicheres Zeichen für sein unsicheres Selbstbewusstsein. Offenbar fehlt ihm das Vertrauen, dass er Projekte auch ohne starre Prinzipien zum Erfolg führen kann und dass außer ihm auch andere Menschen vernunftbegabt handeln können. Erinnern Sie sich an die erste Entwicklungsphase des Menschen, so wie Erik H. Erikson sie erklärt hat (vgl. S. 28–34)? Vielleicht hat der Prinzipienreiter kein Urvertrauen entwickeln können. Greifen Sie ihn deshalb nicht an. Gehen Sie lieber ab und zu auf die Lieblingsprinzipien Ihres Kollegen ein. »Bringen Sie den Prinzipienreiter-Schweinehund zum Nachdenken, indem Sie ihn Sinn und Nutzen seiner Prinzipien begründen lassen, ihm aber auch deren Grenzen an Einzelfällen konkret aufzeigen«, rät Marco von Münchhausen in seinem Buch *Die kleinen Saboteure: So managen Sie die inneren Schweinehunde im Unternehmen.*[40]

Der Teamvermeider

Er ist der typische Eigenbrötler, den es in fast jedem Unternehmen gibt. Was die Kollegen tun, wie deren Abläufe funktionieren, was sie wann wissen müssen, ist ihm herzlich egal. Zum Teil aus Desinteresse, zum Teil aus Angst vor zu engem Kontakt. Ein Teamvermeider hat es möglicherweise im frühen Erwachsenenalter nicht geschafft, sein Selbst so zu festigen, dass er zu Nähe fähig ist – was auch heißt: zu enger Zusammenarbeit. Ein Teamvermeider kann über exzellente Fachkenntnisse verfügen – dann wäre es schade, auf seine Kompetenz zu verzichten, nur weil er so schwierig im Umgang ist. Was also tun? Hier gilt wieder: Nicht beschimpfen, das bringt nichts. Nehmen Sie ihn einfach so, wie er ist. Aber umgekehrt sollten Sie es sich auch nicht gefallen lassen, wenn ein Teamvermeider Ihren Arbeitsbereich verletzt. Setzen Sie ihm klare Grenzen!

Der Arbeitsscheue

Nicht jeder hat die Arbeit als höchstes Ziel seines Lebens vor Augen. Gründe dafür können sein, dass ein Mensch im Spielalter so sehr gegängelt worden ist, dass er jegliche Initiative eingestellt hat. Oder er wurde in der Schulzeit so unter Druck gesetzt, dass Leistung für ihn zum negativ besetzten Begriff wurde. Wenn Sie einen solchen Kollegen haben, hilft es nichts: Sie müssen seine Grundhaltung so hinnehmen. Ändern werden Sie ihn nicht. Was Sie aber nicht hinnehmen sollten, ist seine Eigenart, Ihnen Arbeit aufzudrücken, die eigentlich seine ist. Auch hier heißt es für Sie: Selbstbewusstsein zeigen, klare Grenzen setzen.

Der Lastenträger

Der Gegenpol zum Arbeitsscheuen ist der Lastenträger – nicht selten treten die beiden in Unternehmen als Doppelpack auf. Denn so eigenartig das klingt: Von dieser Symbiose profitieren beide. Der Arbeitsscheue kann die Füße hochlegen, und der Lastenträger genießt das Gefühl, gebraucht zu werden. Was ist bei ihm schief gelaufen? Möglicherweise wurde ein Mensch dieses Typs im Kleinkindalter so sehr gedrillt, dass er jetzt permanent in einem überkorrekten Arbeitsmodus läuft. Etwa aus Angst, etwas falsch zu machen. Oder er wurde im Spiel- und Schulalter ausschließlich für seine Leistungen anerkannt und nie für das, was ihn eigentlich ausmacht: sein Selbst. Deshalb ist sein Selbstbewusstsein jetzt so stark an den Faktor »Leistung« gekoppelt, dass er glaubt, ohne Arbeit habe er gar keine Existenzberechtigung. Als Kollege ist der Lastenträger gar nicht schlecht, allerdings nur solange er seine Überarbeitung in Grenzen hält. Ansonsten heißt es für Sie: Lassen Sie es nicht zu, dass Sie die Unkonzentriertheiten und Patzer Ihres Lasten tragenden Kollegen ausbaden müssen. Setzen Sie auch ihm Grenzen, und zeigen Sie ihm – behutsam –, dass Sie ihn auch dann wertschätzen, wenn er sich gerade nicht überarbeitet.

Sich von Äußerlichkeiten unabhängig machen

Manchmal wundert man sich: Es gibt Leute, die umgeben sich ausschließlich mit teuren Gegenständen. Die Sonnenbrille von Gucci, die Freizeithose von Prada, der Autoschlüssel steckt im superteuren Handtäschchen und die Euros im edlen Lederetui. Nun gut, das muss jeder für sich selbst entscheiden. Aber sind solche Leute noch in der Lage, sich frei zu entscheiden? Oder haben sie ihr Selbstbewusstsein so fest mit diesen Prestigeobjekten verbunden, dass sie ohne gar nicht mehr leben können? In der Tat, das gibt es, und nicht nur das.

Viele Unternehmer lechzen nach hohen Umsätzen. Nichts macht sie glücklicher, als aufsteigende Umsatzkurven auf ihrem Monitor zu betrachten und ihre Bankauszüge durchzublättern. Ob sie so viel Geld überhaupt brauchen? Diese Fragen stellen sie sich nicht. Sie wollen einfach nur viel Geld verdienen, immer mehr Geld. Denn das macht sie stolz.

Dann gibt es Wissenschaftler, die nichts anderes im Sinn haben, als ihre Publikationsliste zu verlängern. Hier ein Aufsatz, da ein Vortrag, dort ein Buch. Sie können gar nicht genug davon bekommen, denn diese Liste ist Zeichen ihres Wertes als Wissenschaftler. Regelmäßig kontrollieren sie in Datenbanken, ob ihre Ergebnisse auch häufig zitiert werden. Eine schönere Anerkennung als die der wissenschaftlichen Community können sie sich nicht vorstellen.

Die Psychologen Gollwitzer und Wicklund[41] erklären dieses Phänomen mit der »Theorie der symbolischen Selbstergänzung«. Das klingt kompliziert, meint aber nichts anderes, als dass der Mensch immer nach etwas strebt, was er noch nicht hat und was er zur Vervollständigung seines Selbstes – vermeintlich – unbedingt braucht. Die Symbole seiner Selbstdefinition können Besitztümer sein (Designerkleidung), aber auch Zahlen (Umsatz) oder die Anzahl von Publikationen.

Was tun solche Leute, wenn der Erfolg ausbleibt? Wenn die Börse plötzlich zusammenbricht, wenn die eigenen Forschungsergebnisse durch einen anderen Wissenschaftler widerlegt werden? Oder wenn eine Schaffenskrise weitere Erfolge unmöglich macht?

Gollwitzer und Wicklund gehen davon aus, dass diese Personen nach Möglichkeiten der Kompensation suchen. Ein wenig erfolgreicher Geschäftsmann fährt möglicherweise ein noch dickeres Geschäftsauto. Und ein wenig erfolgreicher Wissenschaftler versucht vielleicht, sich mit der Veranstaltung von Kongressen einen Namen zu machen.

Sie sehen es selbst: Wirklich frei sind diese Menschen nicht. Sie jagen Trophäen hinterher, sie hängen ihr Selbstwertgefühl an flüchtige Symbole. Das ist heutzutage gefährlicher denn je. Jederzeit kann das Unternehmen Insolvenz anmelden, für das man bis gestern noch erfolgreich tätig war. Jederzeit kann die Branche einknicken, sogar die gesamte Volkswirtschaft. Hängen Sie Ihr Herz nicht an Dinge. Sorgen Sie lieber für Ihr gesundes Selbstbewusstsein. Dann bricht Ihnen auch kein Zacken aus der Krone, wenn es in Ihrem Beruf mal nicht so läuft, wie Sie sich das vorstellen.

Freundschaft und Karriere

Was tun, wenn der alte Schulfreund in seinem Beruf genau das erreicht, was man selbst gern geschafft hätte? Sie werden sich wundern: Wegen solcher Sachen ist schon manche Freundschaft zerbrochen. Grund ist wiederum das Selbstbewusstsein, das wir mühsam aufrechtzuerhalten versuchen.

Der Psychologe Abraham Tesser[42] geht davon aus, dass das Sichmessen an anderen Personen einen wichtigen Einfluss auf unser Selbstwertgefühl hat. Durch permanente Vergleiche versuchen wir festzustellen, welchen »Wert« wir selbst haben und welchen Wert unser Gegenüber erreicht. Dabei ist der drohende Verlust des eigenen Selbstwertgefühls so schmerzlich, dass wir – das meint zumindest Tesser – im Extremfall lieber unsere Beziehung zu einer anderen Person opfern.

Widerstehen Sie, können wir da nur dringend raten. Mit einem wahrhaft großen Selbstbewusstsein stehen Sie über diesen Dingen. Voraussetzung dafür ist allerdings, dass Sie sich permanent klar machen, warum Sie das tun, was Sie tun. Warum Sie das fühlen, was Sie fühlen.

Ausblick

Und damit wären wir wieder beim Punkt »Reflexion«. Und bei der Erkenntnis, dass die Arbeit am eigenen Selbstbewusstsein ein lebenslanger Prozess ist. Er ist nicht immer angenehm: Vor allem dann nicht, wenn man sich eingestehen muss, dass man neidisch reagiert hat oder kleinkariert, dass man ängstlich war und vor etwas zurückgewichen ist. Aber die Mühe lohnt sich. Wenn Sie offen und ehrlich Ihr eigenes Selbst kennen lernen und annehmen, wenn Sie aufrichtig mit anderen Menschen umgehen und auch deren Selbst annehmen können, dann haben Sie schon ein gutes Stück Weg geschafft. Wohin? Zu einem erfüllten Leben. Denn »das Selbstwertgefühl ist der beste verfügbare Indikator von Glück«.[43]

Auf den Punkt gebracht

Wer selbstbewusst auftritt, erreicht seine Ziele leichter, macht schneller Karriere, schlägt ein besseres Gehalt für sich heraus, hat mehr Spaß im Job und kommt mit anderen besser klar.

Warum der Eine es hat und der Andere nicht oder doch deutlich weniger – darüber sind sich die Forscher nicht einig. Wer aus einer gut situierten Familie kommt, trägt die Nase gleich höher – so etwas versuchen Soziologen als Erklärung anzuführen, und die Psychologen verweisen auf die Beziehung zu den Eltern.

Selbstbewusstsein, Selbstachtung, Selbstwert, Selbstvertrauen, Selbstsicherheit, Selbstliebe und Selbstwirksamkeit. Viele Begriffe umkreisen die Frage nach den eigenen Stärken, Grenzen und nach dem Vertrauen in die eigenen Fähigkeiten und Möglichkeiten. Dabei hat eine positive Sicht aufs eigene Ich möglicherweise gar nichts mit unseren Leistungen zu tun. »Heute weiß man, dass Selbstliebe zum großen Teil von der Liebe abhängt, die uns als Kind in der Familie zuteil geworden ist, und von der Gefühlsnahrung, die uns damals gespendet wurde«, so die Psychologen Christophe André und François Lelord in ihrem Buch *Die Kunst der Selbstachtung.* Wenn auf die Zweifel und Beunruhigungen eines Kindes keine Rücksicht genommen werde, könne das zu einer sehr zerbrechlichen Selbstachtung führen. Keine gute Grundlage für ein erfolgreiches Berufsleben.

Die These, dass Selbstbewusstsein und Selbstvertrauen stark vom Herkunftsmilieu abhängen, vertritt beispielsweise Dieter Frey, Professor für Sozialpsychologie an der Universität München. Wer als Spross einer Familie des gehobenen Bürgertums aufwächst, erfährt nicht nur, dass man seinem Elternhaus Respekt entgegenbringt, er wird auch schon als Kind von seiner Umgebung bevorzugt behandelt. Nicht zuletzt in der Schule gibt es bei Lehrern eine deutliche Neigung, die Kinder von Ärzten, Anwälten und anderen Berufsvertretern mit hohem sozialen Status wohlwollender zu behandeln und besser zu bewerten als die Kinder anderer Eltern. Und das setzt sich im Berufsleben fort.

Wer wagt, gewinnt Selbstbewusstsein. Und das fällt Frauen immer noch deutlich schwerer als Männern. Frauen neigen eher dazu zu sagen, wenn es um berufliche Herausforderungen geht, sie können etwas nicht, sie trauen sich nicht wirklich richtig, sie hätten keine oder zu wenig Kompetenz. Obwohl viele Frauen fachlich genauso gut sind wie die Männer, bleiben sie von vornherein in der zweiten Reihe. Gerade hier aber gilt: Mut zum Risiko! Fehlendes Know-how kann man sich schließlich aneignen.

Weder übersteigertes Selbstwertgefühl noch übertriebene Bescheidenheit sind auf dem Arbeitsmarkt gefragt. Ihre Aktivitäten in der Arbeitswelt machen Sinn und werden umso erfolgreicher sein, wenn Sie selbstbewusst auftreten können. Die dafür notwendige Selbstsicherheit, das angemessene Selbstvertrauen und den Glauben an Ihre Selbstwirksamkeit gewinnen Sie vor allem, indem Sie sich Ihrer eigenen Talente und Fähigkeiten bewusst werden und diese einsetzen.

Die vielleicht entscheidenden vier Schlüssel für eine gute Portion Selbstbewusstsein finden Sie

► in der Wachheit und Aufgeschlossenheit, in der Sensibilität und dem Interesse sich selbst und anderen gegenüber, in dem Bemühen zu verstehen (Reflexion), was in und zwischen Ihnen vorgeht und welche Hintergründe
diese Verhaltensweisen oder Handlungen haben;

► in der Akzeptanz der eigenen Person und damit Ihrer Wesensart, ohne damit in kritiklose Selbstzufriedenheit abzugleiten, sowie dem Respekt und
der Zuneigung anderen Mitmenschen gegenüber bei gleichzeitiger Bereitschaft, die notwendigen Dinge zu unternehmen, die anstehen, sowie

► in dem Bewusstsein «Es gibt nichts Gutes, außer man tut es», der Bereitschaft also, nach angemessener Überlegung und Abwägung auch wirklich
Taten folgen zu lassen, das notwendige Handeln nicht aufzuschieben;

► in den Bemühungen um Unabhängigkeit (Autonomie) und Souveränität,
mittels einer ruhigen Gelassenheit und in einem unerschütterlichen Glauben an die Wirksamkeit der eigenen Kräfte.

In diesem besten Sinne kommen wir nun zum zweiten Teil des Buches, der
stark handlungsorientierten Anleitung zur Weiterentwicklung Ihres Selbstbewusstseins unter besonderer Berücksichtigung der Arbeitswelt.

ZWEITER TEIL:

EINE HANDLUNGSORIENTIERTE ANLEITUNG

... zur Stärkung Ihres Selbstbewusstseins in der Arbeitswelt

WISSEN IST DER SCHLÜSSEL ZUM KÖNNEN, WOLLEN DER ZUM TUN

Um Sie in Ihrem Selbstbewusstseins-Entwicklungsprozess, in der Stärkung Ihres besonders auf die Arbeitswelt bezogenen Selbstwertgefühls und der Überzeugung ob Ihrer Selbstwirksamkeit aktiv zu unterstützen, geht es in dem jetzt folgenden Teil dieses Buches vor allem ...

▶ um die angeleitete Auseinandersetzung mit sich selbst,
▶ mit seinen Begabungen, Fähigkeiten und Neigungen,
▶ um die entscheidenden Spielregeln eines strategischen Marketings Ihres beruflichen Könnens inklusive einer Liste der entscheidenden Kernpunkte und Schlüsselqualifikationen, auf die es in der Arbeitswelt absolut ankommt,
▶ um die Quellen Ihrer eigenen Motivation,
▶ aber auch um Techniken erfolgreicher, beruflicher Kommunikation
▶ sowie die Fähigkeiten, sich ein Netzwerk an Unterstützern zu erarbeiten.

Es geht um vier wichtige Felder:
▶ Die Auseinandersetzung mit Ihren **beruflichen Potenzialen** und die sich daraus ergebenden Konsequenzen für eine mögliche Neupositionierung.
▶ Es geht um die Verbesserung Ihrer **kommunikativen Fähigkeiten** hin bis zu einer Kurzlektion in Rhetorik und freier Rede.
▶ Wir behandeln das wichtige Thema **Networking**, die selbstbewusste **Beziehungspflege**,
▶ und widmen uns der Sensibilisierung gegenüber den Faktoren, die **Sympathie mobilisierend** sind und Ihnen helfen werden, Wünsche erfüllt zu bekommen.

Wenn Sie sich die Mühe machen und sich den Übungen stellen, die aufgeworfenen Fragen in allen Facetten zu beantworten versuchen, sind Sie am Ende entschieden selbstbewusster. Sie wissen einfach besser über sich selbst Bescheid. Und Sie sind optimal vorbereitet für den nächsten Schritt Ihres zukünftigen beruflichen Erfolges, vielleicht sogar in Richtung auf ein neues berufliches Ziel. Glauben Sie uns: Selbstbewusstsein ist auf dem Arbeitsmarkt wichtiger als PC- oder Fremdsprachenkenntnisse.

Machen Sie sich nur immer wieder Folgendes bewusst: Sie verfügen über eine ganz bestimmte Kombination von Charaktermerkmalen, Talenten und Begabungen, Fähigkeiten und Fertigkeiten, Interessen, Neigungen und Bedürfnissen. Das macht Sie einzigartig. Aus diesem Grund ist es auch so wichtig, sich Zeit zu nehmen, über sich selbst und seine Wünsche und Möglichkeiten nachzudenken, sich bei der Entdeckung und Entwicklung vielleicht noch verborgener Talente sogar helfen zu lassen. Letztlich können nur Sie selbst entscheiden, mit welchen Arbeitsaufgaben, in welcher Verantwortungsposition, in welchem Beruf und in welcher Branche, aber auch in welcher Umgebung Sie glücklich werden.

Hinzu kommen dann gegen Ende des zweiten Teils noch ein paar wichtige Tricks und Kniffe (Sozialtechniken), die Ihnen helfen werden, Ihre beruflichen Vorhaben und Ziele noch effektiver zu erreichen.

SELBSTWERTGEFÜHL STEIGERNDE AKTIVITÄTEN IM ALLGEMEINEN

Lassen Sie uns damit anfangen, die Aktivitäten, die sich positiv auf Ihr allgemeines Selbstbewusstsein und im Besonderen auf Ihr aktuelles Selbstwertgefühl auswirken können, hier sehr komprimiert (und teilweise sicher auch in einer Wiederholung) kurz zu verdeutlichen.

Was macht Sie selbstbewusster?

Anders formuliert: Ihr Selbstbewusstsein wird nicht besser dadurch, dass Sie mit dem Finger in der Nase bohren, noch mehr Bier trinken und mit den Augen Löcher in die Decke starren.

Wenn Sie sich bewusst dazu entschließen, in der Woche ein bis drei Mal für etwa ein bis zwei Stunden einer bewegungsintensiven Sportart nachzugehen, kurzum sich mehr bewegen als je zuvor, hat dies ebenso eine positive Auswirkung auf Ihr Selbstwertgefühl wie eine Veränderung Ihrer Ess- und Trinkgewohnheiten.

Soll heißen: Nach einer doppelten Portion Schweinebraten mit vielen Klößen und noch mehr Soße, heruntergespült mit zwei Maß Bier, fühlt man sich einfach anders ... Vielleicht können Sie sich dazu entschließen, auch Ihre Nahrungsaufnahme etwas bewusster, d. h. ausgewählter zu gestalten. Wir wollen hier nicht in die Tiefe gehen, aber selbst dieses Thema kann nicht ausgespart bleiben. Der Mensch ist, was er isst.

Und selbstverständlich fühlen Sie sich in einem drei Tage alten, konsequent getragenen, ausgewogen bekleckerten und streng nach Schweiß riechenden T-Shirt anders als in einem frisch gewaschenen und gebügelten, sich sympathisch auf der Haut anfühlenden Oberhemd. Ohne hier die Bedeutung Ihres Schuhwerkes oder Ihrer Unterwäsche sowie überhaupt der Körperkultur (Stichwort Hygiene) im Detail zu betrachten, sind dies doch ebenfalls gewichtige Punkte, die bezogen auf Ihr Selbstwertgefühl nicht ohne Einfluss bleiben.

Es ist nun mal nicht egal, was man isst – diese Erkenntnis ist ja beinahe schon Allgemeingut, und ebenso wenig ist es egal, was Sie an Kleidung tragen. Kleider machen Leute, und dieser Punkt, auch im Zusammenhang mit Ihrer Körpersprache, war uns dann doch noch ein paar Seiten (s. S. 156 ff.) mehr wert.

Natürlich spielen berufliche Aufgaben, die Ihnen ein angemessenes Maß an Selbstverwirklichung erlauben und Erfolgserlebnisse bereiten, eine ganz zentrale Rolle. Damit sind sie ein wirklich wesentlicher Punkt in Ihrem Bemühen um eine Verbesserung Ihres Selbstwertgefühls, dem wir hier im zweiten Teil des Buches gleich Rechnung tragen. Aber auch eine sinnvolle Aufgabe außerhalb Ihrer beruflichen Sphäre, das aktive und selbstgesteuerte Engagement in einer von Ihnen frei gewählten Interessenvereinigung oder für ein soziales Projekt kann Ihnen wesentliche Auftankmomente Ihres Selbstwertgefühls bescheren.

Mit dazu beitragen können auch andere Aktivitäten, die wir Ihnen hier wärmstens empfehlen und deshalb kurz im Überblick vorstellen wollen.

Jede künstlerische Aktivität, oder anders ausgedrückt, malen, fotografieren oder ein Musikinstrument erlernen und spielen, wird sich positiv auf Ihr Selbstwertgefühl auswirken. Bedenken Sie auch diese Möglichkeiten, und wählen Sie etwas für sich Passendes davon aus. Es kann die Modelleisenbahn oder eine mit liebevoller Hingabe betriebene Rosenzucht sein (unterschätzen Sie die Wirkung der Gartenarbeit nicht). Ebenso befriedigende Selbstwert-Glücksmomente bescheren sich sicherlich auch Aquarianer oder jene Menschen, die Wüstenmäusen im Terrarium ihre ungeteilte Aufmerksamkeit schenken.

Das entscheidende Moment bei all diesen Aktivitäten besteht darin, etwas Besonderes für sich und seine Umwelt zu bewirken, selbstbestimmt etwas tun zu können, von dem man überzeugt ist und das einen erfreut.

Keinen großen Aufwand – dafür ist sie aber mit riesengroßen Widerständen besetzt – erfordert eine andere Selbstbewusstsein und Selbstwert aufbauende Aktivität, die einige doch noch aus ihrer Pubertät kennen dürften: Tagebuch schreiben.

Überhaupt: Schreiben Sie so viel, wie Sie nur können. Lassen Sie alles raus und rauf auf das Papier. Julia Cameron, eine höchst erfolgreiche Kreativtechniken-Trainerin aus den USA, empfiehlt ihren Kursteilnehmern und Buchlesern, frühmorgens eine halbe Stunde früher aufzustehen und sich sofort an einen Tisch zu setzen, um als allererstes (also noch vor dem Zähneputzen und dem ersten Schluck Kaffee) alles aufzuschreiben, was ihnen in den Sinn kommt, gerade durch den Kopf geht. Das ist ziemlich ungewohnt, bereitet zu Anfang gewisse Schwierigkeiten, ist aber wirkungsvoll. Es gibt dafür kein vorgegebenes Thema, und das von Ihnen zu Papier gebrachte schriftliche Material ist nur für Sie bestimmt. Sie sollten dabei unbedingt mit der Hand schreiben (kein Computer, keine Schreibmaschine) und nicht noch einmal selbst lesen, wenn die morgendliche Halbstunde dafür um ist. Einfach abheften, gut verschließen und dann den Tag weiter gestalten wie gewohnt. Jeden Morgen; sieben Tage in der Woche. Ihr Leben wird sich verändern, Sie müssen nur durchhalten mit dem Schreiben – Julia Cameron setzt etwa drei Monate dafür an. Unsere eigenen positiven Beobachtungen und Selbstexperimente haben uns dazu veranlasst, Ihnen diese Methode hier (mit Buchempfehlung s. S. 174) kurz vorzustellen.

Eine etwas mildere Variante ist der tägliche, meistens abends praktizierte Tagebucheintrag. Auch ein Wochenrück- und Ausblick kann stabilisierende Wirkungen auf Ihr Selbstwertgefühl haben.

Wir empfehlen Ihnen im zweiten Teil unseres Buches die Satzergänzungsmethode, die der hier schon häufig zitierte Kollege Nathaniel Branden bevorzugt anwendet. Diese ist zweifelsohne eine im Verhältnis von Aufwand zum Ertrag stehende höchst bemerkenswerte und sehr hilfreiche Methode, um in seiner Bewusstseinsarbeit weiterzukommen.

Wenn auch bedeutend schwächer in ihrer positiven Wirkung auf Ihr Selbstwertgefühl, so sind doch alle Aktivitäten wie: länger andauernde Brieffreundschaften, regelmäßige Telefonkontakte, intensive E-Mail-Kontakte (wir nehmen SMS hiervon eher aus, es sei denn, Sie sind nicht älter als 19 Jahre), unbedingt zu pflegen, wenn nicht sogar auszubauen.

Natürlich sollten Sie jede sich bietende Möglichkeit nutzen, Ihr Wirkungsfeld, Ihr Übungsterrain, Ihre Selbstinszenierungsbühne zu erweitern. Wir meinen damit aktive Mitgliedschaften in Vereinigungen, sozialen Gruppen, Interessengemeinschaften etc. Auch die Teilnahme an VHS-Kursen oder sonstigen Weiterbildungsmaßnahmen kann einen positiv stabilisierenden Effekt auf Ihr Selbstwertgefühl und Ihre Selbstwirksamkeit haben.

Immer wieder ist es die Kommunikation, der Austausch mit sich selbst, aber dann auch mit anderen, der Ihr Bewusstsein, Ihr Selbstwertgefühl positiv be- und verstärken kann.

Ein absolut erprobtes Mittel ist hierfür der Rhetorikkurs, das Üben der freien Rede vor Publikum. Nutzen Sie jede sich bietende Gelegenheit und erproben Sie Ihre Fähigkeiten im Vortragen kleinerer Geschichten bis hin zu freien Reden und Präsentationen. Wir haben diesem Thema hier extra einige Seiten gewidmet.

ANREGUNGEN

Acht Fragen, die Ihr Leben verändern könnten, in jedem Fall aber Ihr Bewusstsein erweitern werden

Vorsicht: Die Auseinandersetzung mit diesen acht Fragen könnte in Ihnen den starken Wunsch auslösen, Ihr (Berufs-)Leben entscheidend zu verändern. Diese Übung bringt unsere Seminarteilnehmer fast immer zu einem neuen (Selbst-)Bewusstsein, zu einer Erweiterung ihrer Sichtweise und Erkenntnis.

1. **Was würden Sie tun, wenn Sie zehn Millionen Euro ausgeben könnten?**
   Stellen Sie sich vor, Sie hätten alle persönlichen Finanzfragen bereits geklärt, Ihrer Familie und allen Freunden bereits genug gegeben,
   für wohltätige Zwecke schon reichlich gespendet
   und wären bei bester persönlicher Gesundheit.

2. **Was würden Sie machen, wenn Sie wüssten, alles, was Sie anpacken, gelingt Ihnen, nichts könnte schief gehen?**
   Lassen Sie Ihrer Fantasie freien Lauf, unabhängig davon, wer Sie heute sind und in welcher Situation Sie leben.

3. **Welche Person, welches Tier und was für ein Gegenstand würden Sie gerne sein wollen, wenn Sie es sich aussuchen könnten?**
   Egal aus welchem Bereich (Kunst, Kultur, Politik, Geschichte, Literatur), egal ob diese Person männlich oder weiblich ist, noch lebt oder bereits vor langer Zeit gelebt hat, unabhängig davon, ob sie überhaupt jemals real existiert hat oder nicht, also auch nur ein fiktiver Charakter ist (z. B. Micky Maus).

4. **Was würden Sie tun, wenn Sie nur noch zwölf Monate Lebenszeit vor sich hätten?**
   Sie sind bis zum Ende völlig gesund, schmerzfrei und im Vollbesitz Ihrer physischen und geistigen Kräfte, und Sie hätten schon alle Plätze dieser Welt, die für Sie interessant sind, gesehen und auch alle Verwandten und Freunde über Ihr Schicksal informiert und sich mit den für Sie wichtigen Personen ausgesprochen.

Gönnen Sie sich eine Pause, bevor Sie weitermachen.

5. **Was erwarten Sie ganz allgemein von Ihrem Leben, und was möchten Sie für sich privat und beruflich erreichen?**
Stichwort Lebensplan, wie sieht der aus?

6. **Was bedeutet für Sie, Erfolg zu haben? Worum geht es Ihnen?**
In welchem Lebensbereich ist Erfolg für Sie am wichtigsten?

7. **Wem möchten Sie imponieren, und wen möchten Sie durch Ihre persönlichen Eigenschaften und beruflichen Leistungen beeindrucken?**
In wessen Augen soll Glanz entstehen aufgrund Ihrer Leistungen und Merkmale?

8. **Was ist Ihr geheimster Wunsch, Ihr Traumziel im Leben?**
Mal ehrlich: Ist es reich, bewundert, berühmt oder mächtig und einflussreich zu werden, oder ist es noch etwas ganz anderes?

Setzen Sie sich jetzt mit diesen Fragen auseinander, und schreiben Sie Ihre Antworten unbedingt auf. Es lohnt sich, länger darüber nachzudenken. Diskutieren Sie Ihre Ergebnisse mit Menschen Ihres Vertrauens. Vergleichen Sie Ihre Notizen mit dem, was anderen dazu ein- und bei Ihnen aufgefallen ist. Spüren Sie auch dem nach, was eigentlich zwischen den Zeilen steht, die Sie bei diesen Themen und Fragen zu Papier gebracht haben.

Stellen Sie sich vor, Sie hätten eine Ihnen fremde Person vor sich, die diesen (also Ihren eigenen) Text so aufgeschrieben übergeben hätte. Was würde Ihnen zu dieser Person einfallen? Was würden Sie diese Person fragen wollen?

Welches Selbstbewusstsein, welches Selbstwertgefühl schimmert durch die Antworten?

Mit den ersten vier Fragen sollte Ihre Phantasie spielerisch mobilisiert werden. In Ihren Fantasien stecken wichtige Hinweise und Botschaften, die Sie jetzt nur richtig bezogen auf Ihr Selbstwertgefühl interpretieren müssen. Ihre Antworten offenbaren sich in der Regel Werthaltungen und Präferenzen. Ob Sie mit dem vielen Geld, das Sie ausgeben sollten (1. Frage), allen Waisenkindern dieser Welt ein Zuhause schaffen wollen oder ob Sie sich den Eiffelturm gekauft haben (wozu? Um z. B. den Fahrstuhlführer zu spielen), ist von ganz unterschiedlicher Bedeutung. In einem persönlichen Gespräch würden wir gemeinsam Ihren Assoziationen, Überlegungen nachgehen. Jetzt müssen Sie das selbst, ggf. mit Hilfe von guten, klugen Freunden machen. Und ebenso steckt in der fantasievollen Beantwortung, was Sie machen würden, wenn nichts schief gehen könnte, viel von Ihren (geheimen) Wünschen und Sehnsüchten, aber auch Ängsten. Kommen Sie sich selber auf die Spur!? Lassen Sie sich zu Ihren Antworttexten etwas einfallen.

Was beispielsweise steckt dahinter, dass Sie Winnetou, ein Goldfisch und ein Fernrohr hätten sein wollen? Gibt es etwas Gemeinsames, das diese drei Dinge für Sie verbindet? Wofür steht Winnetou (aus Ihrer ganz persönlichen Sicht, evtl. der edle Wilde, Treue, Freundschaft ...?), was verbinden Sie mit einem Goldfisch (Luxus, Einsamkeit, Tretmühle ...) usw.?

Aber fangen wir ganz von vorne an. Erinnern Sie sich noch? [44]

ANFANGEN

Vertrauen, Zutrauen und einfach mal sich selbst etwas mehr trauen

Die meisten Menschen lassen es früher oder später sein, über ihre (auch beruflichen) Träume, ihre Wertvorstellungen zu sprechen. Sie verdrängen, vergessen sie – oder noch schlichter: Sie »träumen« einfach nicht mehr.

Als Kind war man in dieser Beziehung freier, sprach ungehemmt über Wünsche und Ideen, hatte noch nicht die berühmte »Schere im Kopf«, musste sich nicht ständig anhören: »Das geht nicht!«, »Du spinnst wohl!«, »Wie stellst du dir das denn eigentlich vor!« Oder: »Bleib bloß auf dem Teppich!«. Kindern verzeiht man es, wenn sie Träume haben, die vom Gewohnten abweichen, findet dies in der Regel sogar noch niedlich. Hören Sie mal zu, wenn sich Großmütter über ihre Enkelkinder unterhalten. Die platzen vor Stolz, wenn Miriam und Marco zum Mars fliegen oder im Urwald eine exotische Früchtefarm aufbauen wollen.

Erwachsenen hingegen wird es leicht verübelt, wenn sie ungewöhnliche Ziele verfolgen. Das läuft bei den meisten dann über kurz oder lang auf eine Art Selbstzensur hinaus. Irgendwann ignorieren sie ihre kreativen Eingebungen. Die Mehrheit jedenfalls. Die wenigen, denen es gleichgültig ist, ob Lieschen und Fritzchen Müller ihre Ideen lächerlich finden oder nicht, werden erst Abteilungs- und dann Bereichsleiter. Sie machen sich selbstständig, zunächst vielleicht in einer Garage, und enden als Computer- und Softwaremilliardäre oder Coffee-Shop-Ladenkettenbetreiber. Nun ja, vielleicht nicht alle. Aber die Tendenz ist hiermit aufgezeigt.

Wenn Sie einen Zuwachs an Selbstwertgefühl, an Erfolg und Bestätigung finden wollen, brauchen Sie Aufgaben, kurzum eine Arbeit, die Ihnen (vielleicht erstmals oder wieder) Spaß macht, und ein berufliches Umfeld (auch Verantwortungsposition), das bzw. die Ihnen gut tut.

Lernen Sie wieder, Ihrer inneren Stimme zuzuhören, Ihrer Intuition zu vertrauen. Hören Sie auf, sich ständig selbst einzureden, Ihre Ideen und noch schlimmer Sie selbst seien zu dumm (ungeschickt oder was auch immer). Berücksichtigen Sie mutig Ihre spontanen Eingebungen bei der Planung Ihrer beruflichen Zukunft.

Vervollständigen Sie diesen Satzanfang ...
Nicht einmal, nein, nicht weniger als zehnmal, direkt hintereinander, mit jeweils unterschiedlichen Vervollständigungen. Jetzt sofort, was immer Ihnen in den Sinn kommt. Schreiben Sie es gleich hier ohne Pause zu machen hintereinander weg, ohne darüber nachzudenken oder sich zu sorgen, ob es auch richtig, sinnvoll oder tiefsinnig genug ist. Fangen Sie bitte jetzt an.

Wenn ich beruflich könnte, wie ich wollte, dann ...
und weiter:

Wenn ich beruflich könnte, wie ich wollte, dann ...
Wenn ich beruflich könnte, wie ich wollte, dann ...
Wenn ich beruflich könnte, wie ich wollte, dann ...
Wenn ich beruflich könnte, wie ich wollte, dann ...
Wenn ich beruflich könnte, wie ich wollte, dann ...
Wenn ich beruflich könnte, wie ich wollte, dann ...
Wenn ich beruflich könnte, wie ich wollte, dann ...
Wenn ich beruflich könnte, wie ich wollte, dann ...
Wenn ich beruflich könnte, wie ich wollte, dann ...

Lassen Sie Ihre Ausführungen, die zehn Satzendungen, nun einfach ruhen, und wenden Sie sich dem weiteren Text dieses Buches zu.

Diese von Nathaniel Branden empfohlene Satzergänzungstechnik hilft Ihnen, schnell, problem-, aber auch nahezu »schmerzlos« an mögliche Psychoblockaden zu gelangen. Mit etwas Abstand nach der Produktion (Niederschrift) gelesen, wird Ihnen schneller bewusst, was hier zum Ausdruck, zum Tragen kommt.

Diese Vorgehensweise basiert auf der Annahme, dass »wir klüger sind und über mehr Fähigkeiten verfügen, als wir in der Regel durch unser Verhalten zeigen. Satzergänzungsübungen sind ein Instrument, um an diese verborgenen Ressourcen heranzukommen und sie zu aktivieren.«

Schauen Sie sich nach einer Weile Ihre Satzergänzungsproduktion an. Was kommt Ihnen in den Sinn? Welche Assoziationen haben Sie, wenn Sie jetzt diese Sätze lesen und auf sich wirken lassen? Ähnliches, die Interpretation Ihres eigenen Textes, haben Sie bereits mit der Übung auf S. 75 f. gemacht.

Falls Sie nun befürchten, dass Ihre Träume, Ihre Vorstellungen sich nicht mit denen Ihrer Mitmenschen decken, sollten Sie dies nicht als Manko, sondern eher als große Chance sehen. Führen Sie sich einfach vor Augen, dass die wichtigsten Veränderungen – egal auf welchem Gebiet – den lieben Mitmenschen zunächst immer suspekt waren, egal ob Eisenbahn, Röntgenstrahlen oder Mondfahrt.

Wenn Sie beruflichen Erfolg und zugleich innere Zufriedenheit anstreben, müssen Sie schon »ein bisschen einzigartig sein«. Und genau das sind Sie, wenn Sie sich trauen, sich dazu zu bekennen. Schauen Sie sich jetzt Ihre Satzergänzungen an. Was fällt ihnen auf, was können Sie dazu assoziieren?

Begeisterung als Entscheidungsfaktor

Für sich die richtigen beruflichen Aufgaben und Herausforderungen zu finden, die Ihrem Selbstbewusstsein dienen, Ihr Selbstwertgefühl sogar stärken, Ihnen Zufriedenheit und Erfolg bescheren, ist kein »Spaziergang«. Das ist bestimmt keine mal so eben »Nachmittags-gemütlich-Kaffeetrinken-Aktion« und sicher auch kein rein rationaler Vorgang. Entscheidungen für ein spezielles berufliches Engagement, für Tätigkeiten, Aufgabenfelder oder Branchen sind selten das Ergebnis von wissenschaftlichen, rationalen Analysen. Fragen Sie sich vor einer beruflichen Um- oder gar Neuorientierung deshalb: Welche Themen, Vorgänge und Ereignisse interessieren mich am meisten.

Wer jahrelang einen unbefriedigenden Job hatte, kann sich so etwas vielleicht kaum noch vorstellen: Lust auf die Arbeit, auf die Herausforderung sollte im Mittelpunkt stehen. Wer die richtigen beruflichen Aufgaben und dazu den optimalen Arbeitsplatz gefunden hat, für den bekommt Arbeit etwas Müheloses, eher Spielerisches. Dass dies mit enormen Auswirkungen auf das Selbstbewusstsein, auf das Selbstwertgefühl verbunden ist, liegt auf der Hand. Wir betonen es hier deswegen so besonders intensiv, weil den meisten schon kaum noch etwas einfallen will, wenn es um ihr Berufsleben, ihre Arbeit geht. »Möglichst wenig tun müssen und dafür aber viel Geld bekommen!«, lautet etwa das Credo, das vielen spontan in den Sinn kommt.

Vorbereitung, Start – worauf es jetzt ankommt

Was kann Ihnen helfen, Ihr berufliches Selbstbewusstsein, Ihr Selbstwertgefühl, den Glauben an Ihre Selbstwirksamkeit zu stärken, ja möglichst noch zu steigern? Wie kann es Ihnen gelingen, die Essentials Ihrer persönlichen und beruflichen Potenziale zu identifizieren? Welche Fragen bringen Sie bei der Herausforderung, ein optimal geeignetes berufliches Marketing in eigener Sache zu entwickeln, voran?

Verschaffen Sie sich eine gute Ausgangsbasis. Vielleicht können Sie bereits schon jetzt einschätzen, in welcher Richtung ihr berufliches Ziel vermutlich liegen könnte? Um eines Tages die für Sie optimalen Arbeitsaufgaben, die angemessene Verantwortungsebene und den idealen Arbeitsplatz zu finden, sollten Sie jedoch zunächst Ihre Vorstellungen von dem, was Sie und wo Sie etwas tun wollen, entwickeln und präzisieren. Und das bedeutet:

Erarbeiten Sie sich ein klares inneres Bild von sich selbst,
▶ von Ihren Charaktermerkmalen
▶ von Ihren Begabungen
▶ von Ihren Fähigkeiten
▶ von Ihren Neigungen
▶ von Ihren Bedürfnissen
▶ von Ihrem Traumjob

Und beschäftigen Sie sich intensiv mit …
… Ihren Potenzialen
▶ Was für ein Mensch sind Sie?
▶ Über welche beruflich verwertbaren Begabungen und Fertigkeiten verfügen Sie?
▶ Worin sehen Sie und andere Ihre stärksten Fähigkeiten und Neigungen?

… Ihren Wünschen
▶ Welche Herausforderungen und Arbeitsaufgaben stellen Sie sich reizvoll vor?
▶ In welcher Umgebung und in welchem geistigen und emotionalen Klima würden Sie am liebsten arbeiten?
▶ Mit welchen Menschen würden Sie bevorzugt zusammenarbeiten?
▶ Mit welchen Dingen möchten Sie sich beschäftigen?

… Ihren Leistungsmotiven
▶ Welche kurz-, mittel- und langfristige Arbeitsmotivation und
▶ welche Ergebnisse sind Ihnen wichtig und warum?

Kurzum: Es geht um *Sie,*
um Ihre persönlichen Eigenschaften und Charaktermerkmale (Persönlichkeit)
▶ es geht um Ihre Begabungen und Talente,
▶ Ihr (auch außerberufliches) Können (Kompetenzen)
▶ und darum, was Sie bewegt, antreibt, reizt (Motivation),
▶ und um Ihre Vorlieben und Neigungen (Interessen).

Diese fünf Bereiche:

Eigenschaften (E),
Begabungen (B),
Können (K),
Motivation (M),
Interessen (I)

sind zu berücksichtigen und in ein ausgewogenes Verhältnis zu bringen. Sie stellen gemeinsam die wichtigsten Schlüssel dar, wenn es um Ihre berufliche (Neu-)Orientierung, eine verbesserte Positionierung, ein Art Neuaufschließung Ihrer Arbeitswelt geht.

Wenn Sie sich die Mühe machen und diese und alle folgenden Fragen beantworten, sind Sie am Ende entschieden selbstbewusster. Bitte glauben Sie uns dies für den ersten Moment einfach mal. Wir sagten es schon: Selbstbewusstsein ist auf dem Arbeitsmarkt wichtiger als PC- oder Fremdsprachenkenntnisse.

Verdeutlichen Sie sich immer wieder: Sie verfügen über eine ganz bestimmte Kombination von Persönlichkeitsmerkmalen, von (genetisch verankerten) Begabungen, (erlernten) Fähigkeiten und (weiterentwickelten) Fertigkeiten, von gewachsenen Interessen und Neigungen. Das macht Sie einzigartig. Nehmen Sie sich die Zeit, über Ihre Wünsche und Möglichkeiten nachzudenken, sich bei der Entdeckung und Entwicklung vielleicht noch verborgener Talente sogar helfen zu lassen.

Natürlich ist es sinnvoll, dass Sie Ihre Familie oder Freunde mit einbeziehen und um Rat fragen. Die Entscheidung zum Beispiel für eine neue berufliche Aufgabe und Herausforderung, vielleicht einen ganz anderen Job, müssen Sie allerdings selbst treffen. Und nach dieser Entscheidung wird es erst richtig spannend: Handeln ist angesagt.

Was Sie unbedingt wissen müssen, bevor Sie starten

Die richtige Vorgehensweise, eine effektive Strategie zur Erweiterung Ihres Selbstbewusstseins, zur Stärkung Ihres Selbstwertgefühles, ist auch für Sie entwickelbar. Dabei geht es zunächst um die folgenden vier Essentials, die Ihnen wirklich weiterhelfen werden:

1. Spielregeln verstehen
2. Begabungen und Fähigkeiten erkennen

3. Neigungen identifizieren und klassifizieren
4. Unterstützung mobilisieren

Die entscheidenden Spielregeln verstehen

Wenn es so etwas wie eine generelle Erfolgsformel für unsere Arbeitswelt gibt, dann lautet diese: Prioritäten setzen. Sie sind auf dem heutigen Arbeitsmarkt nicht mehr der typische Arbeitnehmer auf der Suche nach einem klassischen Arbeitgeber, sondern Sie sind selbst Unternehmer – ein modernes Ein-Mann-/Eine-Frau-Dienstleistungsunternehmen. Lernen Sie also, unternehmerisch zu denken und zu handeln. Stichwort: gezieltes Marketing Ihrer Dienstleistung. Ihre Kunden, die Abnehmer Ihres Know-how (altdeutsch: die Arbeitgeber, eigentlich besser, weil präziser: die Arbeitsplatzanbieter), verhalten sich ebenfalls nach den Marktgesetzen.

Die drei wichtigsten Spielregeln sind:

▶ Konzentration ist besser als Verzettelung.
▶ Es kommt auf den richtigen Ansatzpunkt an.
▶ Entdecken Sie eine Marktlücke oder Nische.

Hier eine kurze Erläuterung:
Kein Sportler kann gleichzeitig Spitzenleistungen in Tennis, Schwimmen, Ski- und Radfahren erbringen. Und genauso verhält es sich auch in beruflicher Hinsicht, die eierlegende Wollmilchsau ist in der Arbeitswelt immer noch ein Fabelwesen.

Wer sich in seinen Vorhaben und Leistungen verzettelt, bleibt in seinen Ergebnissen lediglich durchschnittlich. Nicht kleckern, sondern klotzen heißt die Devise! Stichworte: ausbauen – weiterentwickeln – perfektionieren. Es ist zwar noch kein Meister vom Himmel gefallen, aber Übung macht einen solchen. Konzentrieren Sie sich auf das, was Sie gerne machen und auch besonders gut beherrschen. Mit dem Lerngewinn wächst ebenfalls Ihre Problemlösungskompetenz und durch Ihr permanentes Training werden Sie tatsächlich immer besser. Konzentrieren Sie sich also auf ein berufliches Ziel, und erliegen Sie nicht der Versuchung, zu vielen Ideen (Hasen, wäre hier die richtige Assoziation) nachzujagen, um sich dabei zu verzetteln. Bedenken Sie: In der Ruhe liegt die Kraft. Orientieren Sie sich zuerst, planen Sie sorgfältig, und setzen Sie dann Ihr Vorhaben mit all Ihrer Energie um.

Stellen Sie sich einen riesigen Stapel Dosen vor. Wer hier naiv von unten zugreift und eine herausziehen will, riskiert den kompletten Einsturz. Die

Sprengladung für einen hohen Industrieschornstein wird dagegen am untersten Ende angesetzt werden müssen, um das zu erreichen, was man bei den Dosen eher verhindern will.

Auf den wirkungsvollsten Ansatzpunkt kommt es also an, auf die volle Konzentration der Kräfte, und dann muss der so identifizierte gordische Knoten nur noch durchschlagen werden. Entscheidend ist also weniger, wie, sondern wo man zuschlägt bzw. im übertragenen Sinne ansetzt.

Sicherlich erinnern Sie sich an den höchst ungleichen Kampf zwischen David und Goliath, wo es dem kleinen David gelang, den um vieles stärkeren Riesen Goliath zu besiegen. Der kleinere, viel schwächere David konzentrierte seine ganzen Kräfte und zielte mit seiner Steinschleuder auf die Stirn seines mächtigen Gegners. Wenn man sich also strategisch auf den richtigen, den wichtigsten bzw. wirkungsvollsten Ansatzpunkt konzentriert, lösen sich die Probleme fast wie von selbst.

Vielleicht liegt der wichtigste Schlüssel zum beruflichen Erfolg in der richtigen Idee, bzw. Entscheidung oder Erkenntnis: Hier wird etwas dringend gebraucht, und genau das kann ich anbieten, genau auf diesem Sektor bin ich wirklich gut.

Es ist nicht ganz einfach, den richtigen, den effektivsten Ansatz für die Lösung eines Problems zu finden. In der heutigen Wirtschaft sind es die Marketingabteilungen, die sich speziell mit diesem Problem beschäftigen. Es geht darum, Bedürfnisse der Konsumenten zu entdecken, ggf. auch neu zu wecken, um diese dann erfolgreich bedienen zu können.

Neben der Konzentration der eingesetzten Energie, angesetzt am wirkungsvollsten Punkt und Moment, kommt es immer auch auf die Entdeckung eines Bedürfnisses an, einer Engpasssituation, eines Mankos. Wenn Sie mit Ihren beruflichen Fähigkeiten auf einem speziellen Gebiet bei Ihrer Zielgruppe, den Arbeitsplatzanbietern, auf ein unbefriedigtes Bedürfnis stoßen, in genau einem von Ihnen gut beherrschten Tätigkeitsbereich, dann bekommen Sie den Job, dann haben Sie Erfolg, finden Anerkennung.

Mit anderen Worten: Wenn Sie den richtigen Schlüssel für ein Problem Ihrer Zielgruppe haben, wird – je besser Ihr Schlüssel passt und je brennender das Problem Ihrer Zielgruppe ist – Ihr beruflicher Marktwert enorm steigen. Wer wichtige, essentielle Probleme seiner Zielgruppe zu lösen vermag, bekommt die besten, interessantesten Jobangebote, kann für sich das Passendste heraussuchen.

Sie werden im Verlauf Ihrer Lektüre immer wieder darauf stoßen, dass derjenige in der Arbeitswelt erfolgreich ist, der weiß, was er will und was er kann, und der dann auch noch in der Lage ist, sein Vorhaben in die Tat umzusetzen. Kurzum: der /die Selbstbewusste.

Wenn Sie mit Entscheidungsträgern sprechen, sollten Sie ihnen etwas zu bieten haben. Kein Personaleinsteller hat Lust, seine Zeit zu vergeuden. Geben Sie einem (auch potenziellen) Arbeitsplatzanbieter das Gefühl, von einem Gespräch mit Ihnen zu profitieren. Stellen Sie dabei zunächst weniger Ihre Person, als vielmehr Ihre Leistungen, Ihre Fähigkeiten (Kompetenz), Ihre persönlichen Qualitäten in den Vordergrund. Das hat nichts mit (Un-)Bescheidenheit, sondern sehr viel mit Intelligenz zu tun.

Wenn Sie sich beruflich neu positionieren wollen, sollten Sie dabei unbedingt Ihre Interessen berücksichtigen, Ihren wirklichen Neigungen nachgehen, denn sonst wird es Ihnen am nötigen Engagement, dem echten Enthusiasmus fehlen.

Und noch etwas ist sehr wichtig: Für Ihre eigene Person benötigen Sie jetzt eine Art Bewusstseinstraining und mentale Vorbereitung auf das von Ihnen zu identifizierende und angestrebte Berufsziel. Sie werden dabei Ihr Wissen um besondere Spezialkenntnisse erweitern müssen, die Ihnen bei der Realisierung Ihres Vorhabens entscheidend helfen können. Dazu ist aber eine intensive Auseinandersetzung mit Ihren Vorstellungen, inneren Werteinstellungen und realistischen wie unrealistischen Wünschen vorab unbedingt notwendig.

Allzu häufig werden gerade an diesem wichtigen Vorbereitungspunkt wirklich leichtfertige, gravierende Fehler gemacht, die ein berufliches Vorhaben unsäglich be- und manchmal sogar verhindern. Mit anderen Worten: Viele scheitern nicht etwa, weil ihnen die wichtigen beruflichen Kenntnisse und Fähigkeiten fehlen oder gar die notwendige berufliche Motivation. Nein, sie scheitern am Auswahlverfahren. Es fehlen ihnen elementare Kenntnisse, wie sie sich beispielsweise in einer Bewerbungssituation richtig verhalten, um ihr Gegenüber zu überzeugen und für sich zu gewinnen. Diese entscheidenden Spielregeln haben wir in unseren Büchern zum Themenkomplex Bewerbung ausführlich dargestellt.

Wirkliche Begabungen und Fähigkeiten erkennen und weiterentwickeln

Auf die Frage: »Was können Sie besonders gut?«, wissen die meisten Menschen nicht halb so schnell zu antworten wie auf die Frage: »Wo liegen Ihre Schwächen?« Während die Frage nach Begabungen und Fertigkeiten eher Ratlosigkeit bis Sprachlosigkeit auslöst, ist die Frage nach Defiziten dazu angetan, sofort ein schlechtes Gewissen zu erzeugen. Zwar wird auch diese

Frage nicht gerne beantwortet, aber man sieht es der Person förmlich an der Nasenspitze an, was sofort alles in ihrem Kopf abläuft.

Vielen scheint es offenkundig leichter zu fallen zuzugeben, ihre Fremdsprachenkenntnisse seien miserabel, sie würden ihren Computer nicht annähernd beherrschen, sie seien ungeduldig und unordentlich, sie hätten wenig Ahnung in Mathematik oder Geographie, als sich dazu zu bekennen, sie seien musikalisch begabt, könnten gut mit kleinen Kindern umgehen, schnell das Vertrauen anderer Menschen gewinnen, hätten Spaß, einen Vortrag auszuarbeiten und zu halten etc.

Schon in der Schule werden wir mehr auf unsere Fehler, eigentlich ständig auf unser Unvermögen hin angesprochen, häufig kritisiert und leider viel zu wenig ermutigt. Das Ergebnis kann eine ziemlich schwach entwickelte Einschätzung der eigenen Fähigkeiten nach sich ziehen, ein ewig schlechtes Gewissen über die Leistungsmängel, in fast allen Fällen jedenfalls ein nicht oder nur sehr miserabel entwickeltes Bewusstsein von dem, was unsere wirklichen Talente, Begabungen und Fertigkeiten ausmacht. Schade!

Dabei ist es ziemlich fruchtlos, sich auf seine Schwächen zu stürzen und zu versuchen, diese wettzumachen. In Aufgaben, die Sie weder mögen noch besonders gut beherrschen, werden Sie auch durch Übung nie zum Meister.

Konzentrieren Sie sich also lieber auf das, was Sie bereits recht gut können, und bauen Sie diese Fähigkeiten, diese Fertigkeiten weiter aus. Erinnern Sie sich an Beschäftigungen, die Ihnen so viel Spaß machten, dass Zeit und Anstrengung keine oder kaum noch eine Rolle für Sie spielten. Auf diese Weise bekommen Sie wichtige Anregungen für Ihre neue berufliche Positionierung, vielleicht sogar in einem völlig neuen Arbeitsfeld. Sie gewinnen ein neues, nicht nur beruflich stark verbessertes Selbstbewusstsein und Selbstwertgefühl.

Sie werden einen Arbeitsplatzanbieter immer (wieder) von Ihrer Leistungsfähigkeit überzeugen (müssen). Mehr als alles andere interessiert diesen, welchen Gewinn es *ihm* bringen wird, wenn er *Sie* einstellt, weiterbeschäftigt oder gar befördert. Seien Sie also stets auf die Frage: »Was können Sie für mich, für das Unternehmen tun?«, vorbereitet. Ziehen Sie eine Bilanz Ihrer persönlichen Stärken, Ihrer Begabungen, Fähigkeiten und Interessen, und zeigen Sie dadurch Selbstbewusstsein. Fragen Sie sich, welche persönlichen Eigenschaften und welche Kompetenzmerkmale Sie wirklich für den von Ihnen ausgefüllten oder angestrebten Aufgabenbereich besonders qualifizieren und bestmöglich empfehlen.

Neigungen identifizieren und klassifizieren

Sprachen wir eben noch von besonderen Begabungen sowie von erlernten und weiterentwickelten Fähig- und Fertigkeiten, müssen wir uns jetzt auf Ihre Neigungen, auf Ihr persönliches Interessenspektrum konzentrieren. Vielleicht sind Sie erstaunt, warum wir hier differenzieren. Nun: Stellen Sie sich vor, eine Person, aufgewachsen in »Bella Italia«, kann wunderbar kochen. Allein die Tatsache, dass jemand exzellent kocht, bedeutet aber doch noch lange nicht, dass diese Person den ganzen Tag in der Küche stehen will, ein Restaurant bzw. die Essensherstellung organisieren oder leiten mag. Möglicherweise will diese Person noch nicht einmal den Lebensmitteleinkauf tätigen, geschweige denn Gemüse schnippeln oder sich mit mäkligen Gästen auseinandersetzen.

Mit diesem Beispiel wollen wir Ihnen verdeutlichen, dass es darauf ankommt, sich neben den besonderen Begabungen und Fähigkeiten intensiv auch die eigenen Wünsche, die persönlichen Neigungen und Interessen anzuschauen. Jemand, der handwerklich geschickt ist, muss deshalb noch lange nicht gerne beruflich handwerkeln wollen, nicht notwendigerweise Spaß und Ehrgeiz entwickeln, wenn es um die Renovierung von Wohnungen oder die Reparatur kaputter technischer Geräte geht.

Die Frage ist also: Wofür schlägt Ihr Herz wirklich? Wofür schnell und wofür noch etwas schneller? Was übt eine nahezu unwiderstehliche Faszination auf Sie aus, und inwieweit überschneidet sich diese Sache bzw. Tätigkeit auch noch mit Ihren besonderen Begabungen und Fähigkeiten? Wir werden Ihnen dabei helfen, es herauszufinden. Ganz besonders intensiv haben wir dieses Thema in dem Buch *Was steckt wirklich in mir? Der Potenzialanalyse-Test* abgehandelt.

Unterstützung mobilisieren

Das Projekt Selbstbewusstseinsstärkung und die damit häufig verbundene Berufszielfindung werden Sie kaum ohne Hilfe anderer meistern. Sie brauchen moralische, eventuell auch materielle Unterstützung. Vielleicht kennen Sie einige Ihrer Stärken bereits, wissen, dass Sie leistungsfähig und qualifiziert sind. Es hilft, dies aber auch von anderen zu hören. Sie brauchen Menschen in Ihrer Umgebung, die sagen: »Du kannst das!«, die Sie immer wieder ermutigen, gelegentlich aber auch kritisch begleiten.

Intensivieren Sie Kontakte zu denjenigen in Ihrem Bekanntenkreis, die genau wie Sie gerade Erfolg versprechend am eigenen beruflichen Ein-, Um- oder Aufstieg arbeiten, denn hier können Sie mit konstruktiver Hilfe rechnen. Wenn die meisten Ihrer Schul-, Ausbildungs- oder Studienfreunde schon seit

Jahren in ihren Wunschberufen arbeiten und Karriere machen, ist das wunderbar – vor allem für Ihre Freunde. Natürlich können diese Freunde Ihnen als Vorbilder dienen; Ihnen zeigen, was möglich ist und wie es geht. Weil es den Erfolgsverwöhnten letztlich aber an Verständnis für Ihre derzeitige Situation fehlt, werden die entscheidende Motivation für Ihre Selbstbewusstseinsstärkung und die sich daraus ergebenden neuen beruflichen Aktivitäten jedoch sehr wahrscheinlich eher nicht aus diesem Kreis kommen.

Erkenntnis: Auf Ihre Einstellung, auf Ihr Bewusstsein kommt es an

Menschen sind aus verschiedenen Gründen unzufrieden bis unglücklich mit sich und ihrer beruflichen Situation. Sie fühlen sich »klein«, haben keinen Mut, trauen sich nichts zu: Vielleicht hatten sie nicht die Möglichkeit, die Arbeitsaufgaben, das berufliche Umfeld zu wählen, bei denen ihre Fähigkeiten und Interessen mit ihrem Berufsziel übereinstimmten; sie haben keine Aufstiegschancen, sind gelangweilt und unproduktiv; sie verdienen zu wenig; sie wollen einen anderen Karriereweg einschlagen; die Vorstellungen und Ziele des Arbeitsplatzanbieters sind nicht mit den eigenen zu vereinbaren; sie klammern sich nur an ihre Beschäftigung, weil sie das Geld zum täglichen Leben brauchen.

Aus diesen Gründen wechseln jedes Jahr Hunderttausende von Menschen ihren Arbeitsplatz, aber mindestens dreimal, wenn nicht zehnmal so viele tun das eben auch nicht. Sie sehen also, dass Ihr Wunsch nach einer beruflichen Veränderung durchaus zu realisieren ist, wenn auch nicht ganz einfach. Finden Sie heraus, was Sie wirklich wollen, sammeln Sie Ihre Kräfte, und konzentrieren Sie sich auf die Strategie, die Sie an Ihr berufliches Ziel bringt.

Erfolg kommt selten von allein. Natürlich helfen Glück und Zufälle, aber besonders durch eine sorgfältige, gezielte Vorbereitung können Sie Ihre Erfolgschancen gewaltig verbessern. Der Spruch: »Je härter man arbeitet, desto mehr Glück hat man«, gilt auch hier.

Was jetzt zählt: Mut, Unabhängigkeit und Weitsicht

Sehr wahrscheinlich arbeiten Sie primär für die Absicherung Ihres Lebensunterhalts. Darüber hinaus erhoffen oder erwarten Sie vielleicht von Ihrer Arbeit für sich Zufriedenheit und Bestätigung. Da sich aber heute die Anforderungen in jedem Beruf sehr schnell verändern, sollten Sie Ihre berufliche Tätigkeit immer auch als Lernerfahrung betrachten. Sie werden ständig dazulernen müssen. Seien Sie darauf nicht nur (passiv) vorbereitet, sondern (aktiv) wissbegierig. Beweisen Sie jedem Arbeitgeber, wie sehr Sie an neuen Aufgaben interessiert sind und wie schnell Sie lernen und sich erfolgreich auch in völlig neue Aufgabenfelder einarbeiten können.

In früheren Zeiten gab es mehr Arbeitsplätze und -aufgaben, mit denen eine direkte Anerkennung und Bestätigung verbunden war. Im Zeitalter der Globalisierung und der voranschreitenden Entfremdung können Sie nur noch von wenigen Arbeitgebern direktes Lob und Wertschätzung erwarten. Gerade in größeren Unternehmen werden Sie vermutlich auf diese Art von »Belohnung« verzichten müssen.

Umso wichtiger ist es, dass Sie eine Arbeit haben (oder sich zukünftig suchen), die Ihre Selbstachtung und Ihr Selbstwertgefühl durch inhaltliche Erfolge stärkt. Lassen Sie sich nicht auf Arbeiten ein, bei denen die einzige Anerkennung im Lob des Abteilungsleiters liegt. Bevor Sie also Ihre Bewusstseinsarbeit beginnen, sollten Sie daher gut überlegen, welche Art von Arbeit Ihnen durch das bloße Tun Spaß machen und Befriedigung geben würde. Auch deshalb führt kein Weg an einer Analyse Ihrer beruflichen Potenziale vorbei.

Wünsche, Ziele, Hintergründe

Setzen Sie sich mit Ihren Träumen auseinander. Die Fragen auf Seite 75 f. waren ein Anfang.

Vielleicht lächeln Sie jetzt und denken sich: Wünsche oder Träume habe ich viele, aber die kann mir ja doch keiner erfüllen, und halten diese Vorgehensweise für ziemliche Zeitverschwendung.

Wahrscheinlich glauben Sie sogar, diese Frage schnell beantworten zu können. Aber je länger Sie darüber nachdenken, Ihre persönlichen und beruflichen Ziele reflektieren, desto verschwommener und widersprüchlicher wird vermutlich das Bild, das Sie entwerfen. Aus diesem Grunde sollten Sie sich besonders für diesen Aspekt genügend Zeit nehmen.

Sicher beeinflusst es Ihre Wunschvorstellungen, wenn Sie gerade unter einem schwierigen Chef oder unter mobbenden Kollegen leiden. Vielleicht sind Sie gerade arbeitslos oder befinden sich in einer finanziellen Notsituation, und so mag Ihnen die Frage »Was ich mir wünsche?« geradezu luxuriös erscheinen. In diesem Fall wird Ihre Antwort vermutlich kurz und bündig »Arbeit und damit Geld« lauten.

Trotz eventueller Probleme und berechtigter Sorgen ist eine intensive Auseinandersetzung mit den persönlichen Wünschen und Zielvorstellungen dennoch immer sinnvoll. Die resignativ-depressive Haltung »Bloß weg hier!« oder »In meiner Situation nehme ich jede auch nur halbwegs akzeptable Arbeit an« verbessert die beruflichen Zukunftsaussichten absolut nicht, so subjektiv verständlich sie auf den ersten Blick auch erscheinen mag.

Bei der Frage »Was wünsche ich mir?« sind private und berufliche Wünsche und Ziele zu unterscheiden, mit all ihren Überschneidungsmöglichkeiten.

Stellen Sie sich einmal vor: Sie treffen auf eine gute Fee, die Sie auffordert, drei Wünsche zu äußern. Jetzt und ganz spontan: Was wünschen Sie sich?

Lesen Sie nicht weiter, legen Sie das Buch für einen kurzen Moment aus der Hand. 10 – 20 Sekunden müssten ausreichen, um drei Wünsche zu formulieren und kurz zu Papier zu bringen. Das Aufschreiben ist bei dieser kleinen **Übung** unbedingt wichtig. Tun Sie es also gleich hier und jetzt.

Meine drei Wünsche:

1. _____

2. _____

3. _____

Übrigens: Alle Fragen und Nachdenkaufgaben sollten Sie immer schriftlich erledigen. Ihr Ergebnis halten Sie dann Schwarz auf Weiß in der Hand und können es in einem Spezialordner, versehen mit dem Datum, abheften (übertragen Sie das, was Sie hier aufgeschrieben haben, und wählen Sie, wie eben schon vorgeschlagen, einen schönen Ordner aus, um alle Ihre Aufzeichnungen abheften zu können). Sie werden in naher Zukunft viele Seiten produzieren und gelegentlich in diesem Ordner blättern. Dabei wird Ihnen Ihr eigener Entwicklungsprozess (deshalb sind die Daten auch so wichtig) buchstäblich vor Augen geführt. Ein ganz besonderes Erlebnis, das Sie aber nur genießen können, wenn Sie jetzt mit der Aufzeichnung Ihrer Überlegungen angefangen haben.

Also, was haben Sie zu Papier gebracht? Frieden für die ganze Welt, nirgendwo Hunger, Gesundheit für alle und/oder für Sie ganz persönlich und Ihre Lieben, ein erfülltes Leben, Liebe und Zuneigung? Sollten Ihre drei Wünsche in diese eher allgemeine Richtung gehen und nicht stärker auf Ihre ganz persönlichen Bedürfnisse zielen, ehrt Sie das, bringt Sie aber zunächst nicht weiter. Es geht bei dieser Aufgabe darum, was Sie sich persönlich wünschen, was Sie für Ihr Leben gerne hätten. Vielleicht versuchen Sie es gleich noch mal, falls Ihre Wünsche »zu altruistisch« waren.

Sollte jetzt auf Ihrem Wunschzettel an erster Position ein geliebter Mensch stehen (z. B. ein neuer/alter Partner, Kinder etc.), fällt deutlich auf, dass vor einem beruflichen Wunsch noch andere Dinge oder Personen Ihr Bewusstsein »besetzen«. Dies wäre auch der Fall, wenn es sich um Gegenstände (Luxusobjekte wie Supervilla, Yacht, Auto etc.) handeln würde. Sollten Sie sich sehr direkt »Geld in Mengen wie Heu« gewünscht haben, kommen wir einer Motivationsorientierung schon deutlich näher.

Was immer Ihre drei Wünsche sind, vielleicht versuchen Sie es jetzt zunächst einmal mit drei deutlich berufsbezogenen Wünschen.

Meine drei berufsbezogenen Wünsche lauten:

1. _____

2. _____

3. _____

Was Sie geschrieben haben (egal ob es der Wunsch ist, Ihr schrecklicher Kollege oder der böse Chef möge so schwer erkranken, dass er nie wieder zur Arbeit kommt, oder Sie wachen morgens auf und haben einen »Prof. Dr.« vor Ihrem Namen ...), es lohnt sich jetzt und zukünftig immer wieder darüber nachzudenken. Sie werden im Laufe der Zeit feststellen: Ihre Wünsche verändern sich, die Prioritäten, die Inhalte, die Form wandeln sich. Suchen Sie sich einen vertrauenswürdigen Menschen, mit dem Sie darüber ins Gespräch kommen. Sie werden von diesem Reflexionsprozess profitieren. Halten Sie Ihre Gedanken und evtl. den Stand der Diskussion fest, und heften Sie alles in Ihren Ordner. Sie werden Gelegenheit haben, sich wiederholt mit diesen Fragen auseinanderzusetzen.

Zur nächsten Übung: Stellen Sie sich vor, Sie hätten gerade Ihre Schulausbildung hinter sich, seien fertig und frei. Sie sind jung, verfügen aber über das Wissen und die Erfahrung, die Sie jetzt schon haben. Mit anderen Worten: Die Welt steht Ihnen offen, Sie wissen trotz Ihrer 18 Jahre aber schon etwas mehr vom Leben (so wie Sie es jetzt gerade sehen). Was würden Sie tun?

Bitte schreiben Sie auch diese Gedanken gesondert auf, und nehmen Sie sich dafür etwas mehr Zeit (etwa 30–45 Min.).

Alternativ oder zusätzlich wäre auch hier eine Satzergänzungsübung sinnvoll. Zum Beispiel mit diesem Satzanfang:

Wäre ich gerade mit der Schule fertig, würde ich ...
Finden Sie für diesen Satzanfang zehn unterschiedliche Vervollständigungen.
Schreiben Sie diese schnell und spontan ohne große Überlegungen auf ein gesondertes Papier.

Vielleicht ist es gut, dieses Papier zunächst einmal in ihren frisch eingerichteten Ordner abzuheften und nichts damit zu machen. Das dürfte Ihnen aber schwer fallen, denn jetzt sind doch auch Fantasien angeregt worden. Was hätte sein können, wenn ...? Beschäftigen Sie sich später damit. Sie werden Ihnen helfen, eine neue Richtung für Ihre beruflichen Aktivitäten zu finden. Wir kommen darauf zurück. Denn schon wartet eine viel größere **Übung** und Herausforderung auf Sie.

Schauen Sie sich noch einmal Ihre Antworten auf die ersten acht Fragen (S. 75 f.) an. Zum weiteren, intensiven Einstieg in die Thematik empfehlen wir Ihnen, sich mit den folgenden, jetzt etwas erweiterten Überlegungen David Maisters zu befassen. Sie sind von elementarer Wichtigkeit:

▶ Sie können nicht wissen, was Sie von Ihrem Berufsleben erwarten, wenn Ihnen nicht klar ist, was Sie von Ihrem Leben erwarten.

▶ Suchen Sie sich keinen Arbeitsplatz, bevor Sie nicht wirklich darüber nachgedacht haben, was Erfolg für Sie bedeutet.

▶ Bestimmen Sie zuerst, was Sie im Leben erreichen wollen, und machen Sie sich erst dann auf den Weg zu Ihren Zielen.

▶ Man kann schnell einer (Selbst-)Täuschung anheimfallen, wenn es um die Frage geht: Was erwarte ich vom Leben? Also denken Sie nochmals gut darüber nach, was Sie wirklich erwarten.

▶ Viele Leute um Sie herum sagen Ihnen, was Sie vom Leben erwarten sollten: Ihre Partner, Eltern, Lehrer, älteren Geschwister, Freunde. Sie müssen die Ratschläge anderer Menschen für sich nicht akzeptieren. Gehen Sie bewusst und mutig Ihren eigenen Weg.

▶ Die meisten Menschen sind permanent bemüht, andere Menschen zu beeindrucken. Finden Sie heraus, wen Sie beeindrucken wollen und warum.

▶ Man kann nicht alle Menschen gleich beeindrucken. Manche sind durch Geld, Status, Intellekt, Charakter, Fertigkeiten usw. zu überzeugen. Weshalb wollen Sie bewundert werden und von wem? Wir wünschen uns alle Beachtung und Wertschätzung. Die Frage ist nur, in wessen Augen und auf welche Weise.

▶ Keiner spricht gerne offen von seinen Wünschen, beispielsweise »stinkreich« werden zu wollen, immer im Mittelpunkt des Interesses zu stehen, von allen bewundert, gar verehrt oder geliebt zu werden oder Macht ausüben zu können. Überwinden Sie sich, und gestehen Sie sich schonungslos ein, was Sie anderen gegenüber nicht so gerne zugeben würden. Es hilft Ihnen herauszufinden, worum es Ihnen wirklich geht.

▶ Sorgen Sie sich nicht, ob Sie eine berufliche Aufgabe gut lösen können. Wenn es die richtige Herausforderung für Sie ist, wenn Sie Spaß und Erfüllung dabei empfinden, werden Sie diese Aufgabe schon gut bewältigen.

Setzen Sie sich unbedingt mit diesen Überlegungen und Thesen auseinander. Es lohnt sich, länger darüber nachzudenken.

Auch die weiteren Fragen in der nächsten Übung werden Ihnen bei Ihrer Bewusstseinserweiterung und einer damit immer einhergehenden beruflichen Zielfindung helfen. Viel mehr haben Sie jedoch von der Beantwortung dieser Liste, wenn Sie sich die Zeit nehmen, alle Fragen schriftlich und sehr ausführlich zu beantworten.

Zur persönlichen Situation:

▶ Was haben Sie bisher in Ihrem Leben erreicht?

▶ Was haben Sie bisher trotz guter Vorsätze nicht erreicht und warum nicht?

▶ Was missfällt Ihnen an Ihrer jetzigen persönlichen Situation?

▶ Was möchten Sie an Ihrer jetzigen persönlichen Situation am schnellsten ändern, und was kann noch warten?

▶ Wie sieht Ihre Partner-/Familiensituation aus? Gibt es da größere Probleme?

▶ Wer fördert beziehungsweise behindert Sie in Ihrer persönlichen Entwicklung?

▶ Welchen Einfluss auf Ihre persönlichen Zielvorstellungen und Entscheidungen haben Ihr(e) Partner(in), Ihre Kinder, Freunde und andere Bezugspersonen?

▶ Welche Ihrer persönlichen Eigenschaften und Fähigkeiten sind für Ihre Mitmenschen besonders wertvoll und wichtig?

▶ Welchen Einfluss hat Ihre (ausgeübte oder angestrebte) Berufstätigkeit (vermutlich) auf Ihr Privatleben, und welchen Einfluss hat Ihr Privatleben umgekehrt auf Ihren Beruf?

▶ Welche persönlichen Gründe sprechen gegen einen Arbeitsplatz-, Branchen- oder Berufswechsel?

► Welche persönlichen Gründe sprechen gegen einen Ortswechsel?
► Fühlen Sie sich einer deutlichen Veränderung des Lebensumfeldes gewachsen?

Zur beruflichen Situation:

► Was haben Sie bisher beruflich erreicht?
► Was haben Sie bisher trotz aller Vorsätze beruflich nicht erreicht? Woran lag das?
► Wie entsteht bei Ihnen berufliche Zufriedenheit oder Unzufriedenheit?
► Was missfällt Ihnen an Ihrer jetzigen beruflichen Situation?
► Was möchten Sie an Ihrer jetzigen beruflichen Situation am schnellsten ändern, und was kann noch warten?
► Welche Ihrer beruflichen Kenntnisse und Fähigkeiten sind für Ihren zukünftigen Arbeitgeber und Ihre Kollegen besonders wertvoll und wichtig?
► Fühlen Sie sich in beruflicher Hinsicht zur Zeit eher über- oder unterfordert?
► Welche Gründe gibt es dafür?
► Wie kommen Sie mit Ihren Vorgesetzten und Kollegen aus?
► Welche beruflichen Förderer und »Steine-in-den-Weg-Werfer« haben Sie?
► Wer könnte das in Zukunft sein?
► Welche Position streben Sie an?
► Wie viel wollen Sie verdienen?
► Welche Chancen für Entwicklung und Aufstieg haben Sie an Ihrem jetzigen Arbeitsplatz?
► Wie sind die generellen Zukunftsaussichten an Ihrem Arbeitsplatz (in Ihrer Branche, in Ihrem Beruf)?
► Welche beruflichen Schwierigkeiten sehen Sie in der Zukunft für sich?
► Sind Sie mit den Leistungen (Bezahlung, Sozialleistungen, Extras) Ihres jetzigen Arbeitgebers zufrieden?
► Welchen Einfluss auf Ihre beruflichen Zielvorstellungen und Entscheidungen haben Ihr(e) Partner(in), Ihre Kinder, Freunde und andere Bezugspersonen?
► Welche Gründe sprechen für einen beruflich begründeten Ortswechsel?
► Sind Sie flexibel?
► Trauen Sie sich zu, eine völlig neue berufliche Aufgabe zu übernehmen?

Nochmals: Beantworten Sie die Fragen schriftlich, und versuchen Sie, aus den Antworten zu jeder einzelnen Frage Schlüsselworte zu entwickeln. Abstrahieren Sie dabei ruhig, verkürzen und vereinfachen Sie gegebenenfalls, und bringen Sie die für Sie ganz persönlich wichtigen Dinge auf den Punkt.

Eine Rangfolge der Wünsche und Zielvorstellungen hilft Ihnen, Prioritäten zu erkennen und Schwerpunkte zu bilden. Eine solche persönliche und berufliche Situationsanalyse verschafft Ihnen Klarheit und hilft Ihnen bei der Stärkung Ihres Selbstbewusstseins und Selbstwertgefühls.

Und auch beim Abwägen von Gründen für oder gegen einen Arbeitsplatz, der vielleicht völlig andere Aufgaben bereit hält. Wichtig dabei ist auch die neu gewonnene verbale Kompetenz in Bezug auf Fragen »Was wollen Sie eigentlich, wie sehen Ihre Ziele aus?« und »Was ist wirklich wichtig für Sie?«

PERSÖNLICHKEITS- UND EIGENSCHAFTSPOTENZIALE

Wer bin ich? Wie bin ich?

Experten schätzen[45], dass über 90 Prozent aller gescheiterten Beschäftigungsverhältnisse nicht aufgrund von fachlichen Defiziten, also wegen einer schlechten Kompetenz-Performance beendet werden, sondern wegen Unstimmigkeiten, die im zwischenmenschlichen Bereich anzusiedeln sind.

Aus genau diesem Grund werden Persönlichkeitsmerkmale, die so genannten Soft Skills, immer wichtiger in der Arbeitswelt. In ihrer Bedeutung rangieren sie vor den reinen Fachkenntnissen und dem lediglich hoch entwickelten Sachverstand. Das bedeutet nicht, dass auf »das Können« nun gänzlich verzichtet werden könnte, jedoch kommt der sozialen Kompetenz in der Arbeitswelt eine immer größer werdende Bedeutung zu.

Manche Facetten beruflicher Leistungsmerkmale wie Führung, Engagement oder Disziplin lassen sich durch Persönlichkeitsmerkmale besser prognostizieren. Anhand von fünf großen Persönlichkeitsfaktoren (»Big Five«) können Menschen eingeschätzt werden:

- ▶ **Extraversion**
- ▶ **emotionale Stabilität**
- ▶ **Offenheit für neue Erfahrungen**
- ▶ **Gewissenhaftigkeit und**
- ▶ **Verträglichkeit**

Unter sozialer Kompetenz versteht man primär die Fähigkeit, die zwischenmenschlichen Beziehungen konstruktiv und für alle Beteiligten zufriedenstellend zu gestalten. Das Fundament der sozialen Kompetenz bildet dabei die so genannte soziale Intelligenz. Der Intelligenzforscher Edward L. Thorndike definierte diese bereits in den 20er Jahren des 20. Jh. als »die Fähigkeit, andere zu verstehen und in menschlichen Beziehungen klug zu handeln«.

Soziale Intelligenz ist also die Sensibilität, auf Stimmungen, Motive und Intentionen anderer Menschen eingehen zu können und diese menschlich-kreativ weiter zu verarbeiten. Sie kann als interpersonelle oder zwischenmenschliche Intelligenz angesehen werden und ist damit eine Art Treibstoff für Ihr Beziehungsgeflecht (Stichwort Networking).

Und ein, wenn nicht sogar der wichtigste Faktor dieser so bedeutsamen sozialen Kompetenz ist Ihr stabil entwickeltes Selbstbewusstsein. Es ist in mindestens vier der oben aufgeführten »Big Five« (Extraversion, emotionale Stabilität, Offenheit für neue Erfahrungen, Verträglichkeit, am wenigsten vielleicht in Gewissenhaftigkeit) prominent vertreten.

Besonders in der sich stetig weiterentwickelnden Dienstleistungs- und Informationsgesellschaft nimmt die soziale Kompetenz eine immer bedeutsamere Schlüsselposition ein, da zunehmend der Mensch selbst zum zentralen Wirtschaftsprodukt wird. Kommunikationsfähigkeit, Beziehungsfähigkeit, Teamgeist, Sensibilität und Networking sind dabei, wieder den Stellenwert in den beruflichen Anforderungen einzunehmen, den sie einst vor der industriellen Revolution besaßen. (Als wir noch in Höhlen saßen, das Mammut jagten und auf die Nachbarschaftshilfe, den Teamgeist – unbedingt überlebenswichtig – angewiesen waren, erinnern Sie sich …?)

Selbstbewusstsein, Kommunikationsfähigkeit, Beziehungsfähigkeit und Sympathie-Mobilisierungsfähigkeit bilden die wichtigsten Key Soft Skills in der modernen Arbeitswelt. Selbstbewusste PR in eigener Sache, Beziehungspflege, sympathisch rüberkommen und kommunikative Intelligenz: Das sind Verhaltensmerkmale, auf die es heutzutage immer mehr ankommt.

Die Fähigkeit zum Small Talk beispielsweise ist dabei ein ganz wichtiger Baustein für denjenigen, der beruflich und auch sonst im Leben Erfolg haben will.

Etwas plakativ gesagt: Wer beispielsweise das Richtige im rechten Moment zu sagen weiß, ist im Vorteil und profitiert im Leben ganz allgemein und in der Arbeitswelt im Besonderen. Bei der Wahrnehmung von Karrierechancen ebenso wie der Realisierung von Geschäftserfolgen spielt die soziale Kompetenz, der geschickte Umgang mit den anderen, eine immer größere Rolle. Wie wichtig dabei das richtige Selbstbewusstsein ist, brauchen wir an dieser Stelle wohl nicht weiter zu betonen.

Denn: Ob auf Konferenzen oder Messen, bei Verhandlungen oder Geschäftsessen, in der Abfluglobby oder im ICE – wem es gelingt, auf angenehm ungezwungene Weise Kontakte zu seinen Mitmenschen herzustellen, eine gute Atmosphäre zu schaffen und sich sympathisch und souverän zu präsentieren, der hat schon mehr als nur halb gewonnen.

Selbstanalyse – Grundlage Ihrer Selbstbewusstseinsarbeit

Wissen Sie eigentlich wirklich, wie Sie sind und wie Sie gesehen werden?

Mit welchen drei bis fünf Adjektiven können Sie sich, Ihre Wesensart, Ihre wichtigsten Persönlichkeitsmerkmale einem anderen Menschen gegenüber angemessen beschreiben. Welche Adjektive fallen Menschen spontan ein, die Sie kennen. Wie charakterisieren Sie Ihre guten und schlechten persönlichen Eigenschaften? Sehen die Menschen in Ihrer Umgebung Sie eventuell ganz anders? Finden Sie es heraus. Tauchen Sie tief ein in die Wesensart, die Ihre Persönlichkeit ausmacht. Je besser Sie wissen, wie Sie sind, wie andere Sie erleben und einschätzen, desto leichter fällt Ihnen die Erarbeitung eines neuen Selbstbewusstseins. Und desto besser kommen Sie in der Suche nach beruflichen Zielen und den entsprechenden Arbeitsaufgaben voran.

Etwa 300 Adjektive gibt es, die Personalentscheider für relevant erachten. Ihnen fällt für sich hoffentlich mehr ein als nur *flexibel, fleißig* und *verantwortungsbewusst.*

Zunächst sollten Sie Ihre besonderen persönlichen Qualitäten für sich selbst herausfinden und abklären. Von Ihren Persönlichkeitsmerkmalen bzw. Charaktereigenschaften hängt es vor allem ab, wie Sie an Aufgaben, an Problembearbeitungen herangehen.

Persönliche Stärken sind – im Gegensatz zu (an-)gelernten Fähig- oder Fertigkeiten – (ganz wesentlich) Auslegungssache. Da es schwierig ist, sie in Worte zu fassen, sollten Sie diese genau abklären, bevor Sie etwas darüber kommunizieren (z. B. in Ihrem schriftlich erstellten Lebenslauf oder im persönlichen Vorstellungsgespräch). Herausragend positive Eigenschaften allein machen Sie jedoch beispielsweise nicht gleich zur erfolgreichen Führungskraft. Dennoch sind es meist diejenigen, die bereit sind, über sich und ihre Stärken zu sprechen, die uns und andere inspirieren.

Mit anderen Worten: Sie füllen, Sie tanken Ihr Selbstbewusstsein auch mit dieser Auseinandersetzung inhaltlich weiter auf.

Die Art und Weise, wie Sie an Aufgaben herangehen, ist für Arbeitsplatzanbieter, die Käufer Ihrer Arbeitskraft, stets interessant. Man kann in diesem Zusammenhang auch von Temperament oder Charakterzügen sprechen. Arbeitgeber suchen Mitarbeiter, die voller Energie sind, mitdenken, auf Details achten, sich gut mit Kollegen verstehen, Entschlossenheit zeigen, gut unter Druck arbeiten können, sympathisch, intuitiv, beharrlich, dynamisch und verlässlich sind. Und dabei spielt das Selbstbewusstsein keine geringe Rolle.

Das Problem bei vielen Arbeitsuchenden ist nicht allein die Form ihrer Bewerbungsunterlagen – obwohl diese häufig verbesserungswürdig ist –, sondern der oftmals recht dürftige Inhalt, das mangelnde Bewusstsein über die Fähigkeiten, die sie anzubieten haben. Wer sich um Arbeitsaufgaben bewirbt, kennt sich häufig selbst nicht gut und weiß nicht bzw. viel zu wenig, welchen persönlichen Arbeitsbeitrag er anzubieten hat. Deshalb ist es enorm wichtig zu überlegen, wie man ist und welche Persönlichkeitseigenschaften einen auszeichnen neben dem, was man richtig gut kann und was die eigenen Interessen und was die Bedürfnisse des Arbeitgebers sind.

Nochmals: In Ihrer besonderen Mischung aus Persönlichkeitsmerkmalen, aus Anlagen, erlernten Fähig- und Fertigkeiten, Interessen, Neigungen und Bedürfnissen sind Sie wirklich einzigartig. Vielleicht wissen Sie das bloß noch nicht und sind hiermit ganz sicher auch nicht allein.

Einzigartigkeit hat viele Formen und braucht keine Bestätigung von außen. Sie müssen nur bereit sein, sich selbst intensiv zu erforschen und das Ergebnis selbstbewusst (selbstsicher) und auch ein bisschen stolz zu präsentieren.

Schämen Sie sich bloß nicht dafür, dass Sie eine Persönlichkeit sind, die etwas anzubieten hat. Weg mit falscher, anerzogener Bescheidenheit und einer Sie furchtbar behindernden Schüchternheit. Auch wenn Sie sich noch überhaupt nicht so fühlen: Tun Sie so, als ob Sie aus einer Position der Stärke heraus auftreten. Sie werden für viel stärker und fähiger gehalten, als Sie es sich je erträumt haben. Lernen Sie so, über das (zunächst noch schwache) Eigenbild hinauszuwachsen, das Sie von sich selbst haben, und nähern Sie sich den Eigenschaften, die Sie für andere wichtig, ja sogar wertvoll machen. Diese Selbstanalyse ist zwar ein schwieriger Teil Ihrer Selbstbewusstseinsarbeit und Ihrer neuen Arbeitsidentität, aber durchaus zu bewältigen. Und: Das bringt Sie wirklich voran! Investieren Sie – Zeit, Energie und Ausdauer. Es lohnt sich!

Was für ein Mensch bin ich?

Übung: Nennen Sie zum Einstieg in diesen Fragenkomplex jetzt innerhalb einer Minute ganz spontan drei Adjektive, die wichtige Merkmale Ihrer Persönlichkeit charakterisieren.

Ich bin:

1. _____

2. _____

3. _____

Bitte lesen Sie nicht weiter, bis Sie drei Adjektive aufgeschrieben haben. Gar nicht so einfach, oder? Sind Sie mit Ihrer Wahl zufrieden? Beschreiben diese Adjektive wirklich zentrale Eigenschaften Ihrer Persönlichkeit? Und können Sie sich einer anderen Person mit dieser spontanen Auswahl stimmig präsentieren?

Übung: Für die Selbsteinschätzung haben wir eine umfangreiche Liste von Persönlichkeitsmerkmalen zusammengestellt. Wenn Sie sich über die Frage »Wer bin ich?« detailliert Gedanken gemacht haben, werden Sie merken, dass sich Ihre psychische Ausgangsposition festigt und Sie besser in der Lage sind zu beurteilen, was beruflich zu Ihnen passen könnte und was nicht. Denken Sie daran: Sie müssen bei dieser Selbstbeurteilungsliste nicht um jeden Preis gut abschneiden und sich niemandem gegenüber rechtfertigen. Es geht zunächst allein um Ihre persönliche Einschätzung.

Um die Ausprägung einzelner Persönlichkeitseigenschaften besser einschätzen zu können, gilt für jedes Adjektiv eine Skala von +3 bis -3: Die Extrempole sind +3 (= sehr stark ausgeprägt bzw. vorhanden) und -3 (sehr schwach ausgeprägt, kaum oder gar nicht vorhanden). Die Mitte liegt bei 0 (teils/teils, weder/noch, ganz normal vorhanden, unauffällig).

Zunächst einmal geht es nur um Ihre Selbsteinschätzung. Später, in einem zweiten Schritt, bitten Sie eine andere Person, Sie einzuschätzen. Der Vergleich beider Ergebnisse liefert Ihnen bestimmt interessante Aufschlüsse über mögliche Differenzen von Selbst- und Fremdwahrnehmung. Vielleicht wirken Sie beispielsweise viel furchtloser, als Sie sind. Oder Sie halten sich für nicht besonders ordentlich, werden aber als durchaus gut organisiert wahrgenommen.

Wie schätzen Sie sich ein? Bitte kreuzen Sie bei jeder Eigenschaft an, wie ausgeprägt diese Ihrer Meinung nach bei Ihnen ist:

+3 = sehr stark ausgeprägt

+2 = deutlich ausgeprägt

+1 = etwas stärker als der Durchschnitt ausgeprägt

0 = normal, ganz durchschnittlich, unauffällig

-1 = eher weniger ausgeprägt

-2 = recht schwach ausgeprägt

-3 = sehr schwach oder gar nicht ausgeprägt

sympathisch ...	+3	+2	+1	0	-1	-2	-3	autoritär ...	+3	+2	+1	0	-1	-2	-3
vertrauenswürdig ...	+3	+2	+1	0	-1	-2	-3	pflichtbewusst ...	+3	+2	+1	0	-1	-2	-3
vorsichtig ...	+3	+2	+1	0	-1	-2	-3	verantwortungsbewusst ...	+3	+2	+1	0	-1	-2	-3
lernbereit ...	+3	+2	+1	0	-1	-2	-3	zuverlässig ...	+3	+2	+1	0	-1	-2	-3
lernfähig ...	+3	+2	+1	0	-1	-2	-3	freundlich ...	+3	+2	+1	0	-1	-2	-3
vertrauensvoll ...	+3	+2	+1	0	-1	-2	-3	glücklich ...	+3	+2	+1	0	-1	-2	-3
leistungsorientiert ...	+3	+2	+1	0	-1	-2	-3	nervös ...	+3	+2	+1	0	-1	-2	-3
sorgfältig ...	+3	+2	+1	0	-1	-2	-3	rechthaberisch ...	+3	+2	+1	0	-1	-2	-3
aufgeschlossen ...	+3	+2	+1	0	-1	-2	-3	ordnungsliebend ...	+3	+2	+1	0	-1	-2	-3
belastbar ...	+3	+2	+1	0	-1	-2	-3	ehrlich ...	+3	+2	+1	0	-1	-2	-3
ausdauernd ...	+3	+2	+1	0	-1	-2	-3	loyal ...	+3	+2	+1	0	-1	-2	-3
zufrieden ...	+3	+2	+1	0	-1	-2	-3	schwermütig ...	+3	+2	+1	0	-1	-2	-3
aggressiv ...	+3	+2	+1	0	-1	-2	-3	begeisterungsfähig ...	+3	+2	+1	0	-1	-2	-3
konformistisch ...	+3	+2	+1	0	-1	-2	-3	intrigant ...	+3	+2	+1	0	-1	-2	-3
dominant ...	+3	+2	+1	0	-1	-2	-3	ordentlich ...	+3	+2	+1	0	-1	-2	-3
gerecht ...	+3	+2	+1	0	-1	-2	-3	wählerisch ...	+3	+2	+1	0	-1	-2	-3
fleißig ...	+3	+2	+1	0	-1	-2	-3	hartnäckig ...	+3	+2	+1	0	-1	-2	-3
wankelmütig ...	+3	+2	+1	0	-1	-2	-3	entscheidungsfreudig ...	+3	+2	+1	0	-1	-2	-3
zielstrebig ...	+3	+2	+1	0	-1	-2	-3	spontan ...	+3	+2	+1	0	-1	-2	-3
geduldig ...	+3	+2	+1	0	-1	-2	-3	praktisch ...	+3	+2	+1	0	-1	-2	-3
gehemmt ...	+3	+2	+1	0	-1	-2	-3	beherrscht ...	+3	+2	+1	0	-1	-2	-3
vital ...	+3	+2	+1	0	-1	-2	-3	risikobereit ...	+3	+2	+1	0	-1	-2	-3
zweifelnd ...	+3	+2	+1	0	-1	-2	-3	selbstsicher ...	+3	+2	+1	0	-1	-2	-3
kompetent ...	+3	+2	+1	0	-1	-2	-3	sensibel ...	+3	+2	+1	0	-1	-2	-3
flexibel ...	+3	+2	+1	0	-1	-2	-3	selbständig ...	+3	+2	+1	0	-1	-2	-3
aktiv ...	+3	+2	+1	0	-1	-2	-3	offen ...	+3	+2	+1	0	-1	-2	-3
wagemutig ...	+3	+2	+1	0	-1	-2	-3	willensstark ...	+3	+2	+1	0	-1	-2	-3
gefühlsbetont ...	+3	+2	+1	0	-1	-2	-3	zurückgezogen ...	+3	+2	+1	0	-1	-2	-3
anspruchsvoll ...	+3	+2	+1	0	-1	-2	-3	misstrauisch ...	+3	+2	+1	0	-1	-2	-3
passiv ...	+3	+2	+1	0	-1	-2	-3	leidenschaftlich ...	+3	+2	+1	0	-1	-2	-3
liebenswert ...	+3	+2	+1	0	-1	-2	-3	unkompliziert ...	+3	+2	+1	0	-1	-2	-3
gefühlsorientiert ...	+3	+2	+1	0	-1	-2	-3	fortschrittlich ...	+3	+2	+1	0	-1	-2	-3
impulsiv ...	+3	+2	+1	0	-1	-2	-3	überzeugungsstark ...	+3	+2	+1	0	-1	-2	-3
durchsetzungsfähig ...	+3	+2	+1	0	-1	-2	-3	zwanghaft ...	+3	+2	+1	0	-1	-2	-3
furchtsam ...	+3	+2	+1	0	-1	-2	-3	verständnisvoll ...	+3	+2	+1	0	-1	-2	-3
sachorientiert ...	+3	+2	+1	0	-1	-2	-3	kontaktfähig ...	+3	+2	+1	0	-1	-2	-3
fordernd ...	+3	+2	+1	0	-1	-2	-3	verlässlich ...	+3	+2	+1	0	-1	-2	-3
höflich ...	+3	+2	+1	0	-1	-2	-3	schlagfertig ...	+3	+2	+1	0	-1	-2	-3

gründlich ...	+3	+2	+1	0	-1	-2	-3	integrationsfähig ...	+3	+2	+1	0	-1	-2	-3
ausgeglichen ...	+3	+2	+1	0	-1	-2	-3	herzlich ...	+3	+2	+1	0	-1	-2	-3
kreativ ...	+3	+2	+1	0	-1	-2	-3	ruhig ...	+3	+2	+1	0	-1	-2	-3
erfinderisch ...	+3	+2	+1	0	-1	-2	-3	kompromissbereit ...	+3	+2	+1	0	-1	-2	-3
selbstbewusst ...	+3	+2	+1	0	-1	-2	-3	tolerant ...	+3	+2	+1	0	-1	-2	-3
introvertiert ...	+3	+2	+1	0	-1	-2	-3	zuhörbereit ...	+3	+2	+1	0	-1	-2	-3
extrovertiert ...	+3	+2	+1	0	-1	-2	-3	selbstkritisch ...	+3	+2	+1	0	-1	-2	-3
anpassungsfähig ...	+3	+2	+1	0	-1	-2	-3	kränkbar ...	+3	+2	+1	0	-1	-2	-3
humorvoll ...	+3	+2	+1	0	-1	-2	-3	hilfsbereit ...	+3	+2	+1	0	-1	-2	-3
konservativ ...	+3	+2	+1	0	-1	-2	-3	einfühlsam ...	+3	+2	+1	0	-1	-2	-3
präzise ...	+3	+2	+1	0	-1	-2	-3	gelassen ...	+3	+2	+1	0	-1	-2	-3
besorgt ...	+3	+2	+1	0	-1	-2	-3	unparteiisch ...	+3	+2	+1	0	-1	-2	-3
nachdenklich ...	+3	+2	+1	0	-1	-2	-3	gütig ...	+3	+2	+1	0	-1	-2	-3
kooperativ ...	+3	+2	+1	0	-1	-2	-3	unberechenbar ...	+3	+2	+1	0	-1	-2	-3
unerschütterlich ...	+3	+2	+1	0	-1	-2	-3	selbstironisch ...	+3	+2	+1	0	-1	-2	-3
problembewusst ...	+3	+2	+1	0	-1	-2	-3	willensstark ...	+3	+2	+1	0	-1	-2	-3
beliebt ...	+3	+2	+1	0	-1	-2	-3	...	+3	+2	+1	0	-1	-2	-3
vernünftig ...	+3	+2	+1	0	-1	-2	-3	...	+3	+2	+1	0	-1	-2	-3
teamfähig ...	+3	+2	+1	0	-1	-2	-3	...	+3	+2	+1	0	-1	-2	-3
ausgeglichen ...	+3	+2	+1	0	-1	-2	-3	...	+3	+2	+1	0	-1	-2	-3
kommunikationsfähig ...	+3	+2	+1	0	-1	-2	-3	...	+3	+2	+1	0	-1	-2	-3

Ihnen ist sicherlich aufgefallen, dass positive und negative Eigenschaften aufgeführt worden sind. Sympathisch und aktiv möchte jeder sein; rechthaberisch und aggressiv sicherlich niemand. Bei anderen Adjektiven ist die Beurteilung schwieriger.

Falls Sie in der Liste bestimmte Adjektive vermisst haben, schreiben Sie diese einfach in die dafür vorgesehenen freien Zeilen.

Schauen Sie sich alle Adjektive an, die eine deutlich herausgehobene Bewertung bekommen haben (bei dem einen ist es +3 bzw. -3, die meisten neigen dazu, die Ränder zu meiden und selten mehr als +2 bzw. -2 anzukreuzen). Auf wie viele Adjektive trifft eine deutlich herausgehobene Bewertung zu? Sind es 5 oder 15 oder vielleicht sogar 25? In jedem Fall ist es sehr wahrscheinlich, dass sie sowohl im Plus- als auch im Minusbereich anzutreffen sind.

Am besten, Sie bilden – indem Sie für jedes einzelne Adjektiv eine Karteikarte anlegen – Gruppen von Eigenschaften (Adjektiven), beispielsweise für fünf Adjektive mit +3-Markierung, für drei mit -3. Anschließend versuchen Sie, inhaltliche Zusammenhänge zwischen den einzelnen Adjektiven herzustellen. Finden Sie Überschriften, denen Sie dann die Karteikarten entsprechend zuordnen.

Angenommen, Sie haben sich für die folgenden »+3-Ankreuzungen« entschieden: sorgfältig, verlässlich, pflichtbewusst, verantwortungsbewusst, ordentlich – dann passen diese fünf Adjektive gut unter die Überschrift »preußische Tugenden«. Lauten Ihre »-3-Ankreuzungen« unordentlich, spontan, fortschrittlich, werden hiermit Ihre preußischen Tugenden eher ergänzt und bestätigt. Auch wenn diese Tugenden auf Arbeitgeberseite immer noch gern gesehen sind, gibt es für Sie sicherlich noch andere herausragende Beschreibungsmerkmale.

Ziel dieser Übung ist es, ein fundiertes Selbstbild in einer beruflichen Orientierungsphase zu bekommen unter Ausschöpfung aller persönlichen und beruflich verwertbaren Merkmals- und Leistungsquellen. Dies ist nicht nur sinnvoll im Hinblick auf eine bevorstehende Vorbereitungsphase für eine gezielte Bewerbung. Wer die Ergebnisse mit dem Partner, mit Freunden oder Bekannten durchspricht, entwickelt dabei eine neue verbale Kompetenz. Aber vor allem auch ein neues, verbessertes Selbstbewusstsein, eine Stärkung seines Selbstwertgefühls, wenn es darum geht, sich in einer beruflichen Situation sicherer zu behaupten, erfolgreicher zu präsentieren.

Selbstbild-Fremdbild-Analyse

Nun zum nächsten Durchgang: Nachdem Sie sich selbst eingeschätzt haben, ist es wichtig, sich von anderen ein etwas breiteres Feedback zu dieser Adjektivliste und Ihrer Person geben zu lassen. Bitten Sie wenigstens fünf Personen (maximal etwa zehn), Sie anhand dieser Liste nach bestem Wissen und Gewissen einzuschätzen. Fragen Sie nicht (nur) Ihre Mutter, Großmutter, Paten- und Lieblingstante, die sicherlich allesamt Ihnen gegenüber sehr wohlwollend eingestellt sind, sondern bitten Sie unterschiedliche Personen auch aus dem etwas erweiterten Umfeld (Kollegen, ehemalige Kollegen, Bekannte, Nachbarn, ggf. Vereinsmitglieder), die Sie aus verschiedenen Zusammenhängen kennen und einschätzen können, um eine sorgfältige Beurteilung anhand der Liste.

Bei der Auswertung dieser Adjektivlisten werden Sie Abweichungen innerhalb der Personengruppe, die Sie beurteilt hat, als auch zu Ihrer eigenen Einschätzung feststellen können. Gehen Sie diesen Differenzen nach. Überlegen und diskutieren Sie, wie sich deutliche Abweichungen von mehr als nur einem Punkt erklären lassen. Wie häufig kommt das vor? Ist es nur eine Person oder sind es mehrere, die Sie ganz unterschiedlich erleben und beurteilen? Wie klingen deren Begründungen, und was sagen andere Befragte dazu?

Diese Klärungsbemühungen tragen dazu bei, sich ein objektiveres Bild über die eigenen Persönlichkeitsmerkmale zu verschaffen.

In einem weiteren Schritt, später, wenn Sie wissen, in welche berufliche Richtung Ihre Aktivitäten gehen werden, sollten Sie sich mit den folgenden Fragen auseinandersetzen: Welche Eigenschaften sind wichtig für die Arbeitsaufgaben, den Arbeitsplatz, den ich innehabe oder noch anstrebe? Wonach werden mich Firmenchefs fragen, und wie stellen diese sich den idealen Stelleninhaber vor? Gehen Sie die Liste dann nur unter diesem Aspekt ein zweites Mal durch, und kreuzen Sie (mit einem farbigen Stift) die Eigenschaften an, die für den von Ihnen angestrebten oder bereits besetzten Arbeitsplatz aus Arbeitgebersicht besonders wichtig sind.

Ein Vergleich von Selbstbild, Fremdbeurteilung und Anforderungsprofil gibt weitere Aufschlüsse und Hinweise auch im Hinblick auf eine eventuell nötig werdende Anpassung bei neuen beruflichen Herausforderungen.

Zu guter Letzt: Nachdem Sie jetzt diese komplexe Einschätzungsaufgabe bearbeitet haben und sich mit dem Ergebnis auseinandersetzen, ist es wichtig, zu Stift und Papier zu greifen. Schreiben Sie auf, welche Erkenntnisse Sie durch die Bearbeitung dieses Kapitels gewonnen haben, und halten Sie im Anschluss Ihre Meinung, Ihre Ideen, Ihre spontanen Assoziationen dazu fest.

Nur durch die schriftliche Auseinandersetzung werden Sie sich ganz intensiv mit den Ergebnissen beschäftigen und auch davon etwas in Ihr Bewusstsein bekommen. Es lohnt sich, diese gewisse Extraarbeit auf sich zu nehmen. Wir werden Ihnen diesen Vorschlag, diese äußerst wichtige Empfehlung immer wieder am Ende eines Kapitels machen.

BEGABUNGEN UND TALENTE, FÄHIGKEITEN UND FERTIGKEITEN

Was biete ich an?

Worin sehen Sie und andere Ihre stärksten Begabungen und Fähigkeitsmerkmale? Was halten Sie für Ihre Kernkompetenzen? Worin unterscheiden Sie sich von anderen: dadurch, dass Sie etwas geschickter angehen, erfolgreicher umsetzen, einfach besser können?

Theoretisch ist Ihnen bestimmt völlig klar, was Fähigkeiten sind, und Sie haben wahrscheinlich auch schon einmal gehört, wie jemand zu Ihnen bzw. über Sie gesagt hat: »… dafür scheint Klaus Peter ein besonderes Talent zu haben …« Hoffentlich war es nicht ironisch gemeint – z.B. in Ihrer Kindheit, wenn Sie zum wiederholten Male etwas auf dem Tisch umgestoßen haben.

Hier kommt es jetzt darauf an, Ihre Stärken im Handlungsbereich zu identifizieren.

Die zentrale Frage lautet: Was können Sie besonders gut?

Während wir im vorherigen Kapitel bei Ihren Persönlichkeitsmerkmalen waren, sind es jetzt Ihre besonderen Begabungen, Talente, Kompetenzen, Fähigkeiten und Fertigkeiten, die untersucht werden (zu der Begriffsvielfalt kommen wir gleich).

Gehören Sie zu den wenigen glücklichen Kandidaten, die ihre speziellen Fähigkeitsmerkmale sofort in Worte fassen können, dann schreiben Sie diese jetzt einfach auf und setzen Ihre Lieblingsbeschäftigung, das, was Sie davon besonders gerne machen (z.B. basteln oder musizieren), ganz oben auf die Liste.

Übung:

Ich bin gut im …

Wenn Sie nicht eines Tages resümieren wollen: »Im Grunde hätte ich beruflich wesentlich mehr erreichen können!«, sollten Sie sich Zeit nehmen für die Übungen in diesem Kapitel.

Sie sind ein vielseitig begabter Mensch mit einer Fülle von Fähigkeiten und Fertigkeiten, die sich auf unzählige Aufgabengebiete anwenden lassen. Ohne Zweifel können Sie mehr, als Sie sich jetzt vielleicht zunächst selbst eingestehen. Nehmen Sie die Herausforderung an, diese Fähigkeiten »auszugraben«, sie zu benennen, um später über ihre Verwendung gezielt nachdenken zu können.

Wie alle menschlichen Wesen verfügen auch Sie über eine Vielzahl angeborener und erworbener Fähigkeiten, um den Alltag zu meistern. Etwas vereinfacht: Die Ihnen im Erbgut mitgegebenen bezeichnet man als Talente bzw. Begabungen, die erlernten, später erworbenen als Fähigkeiten bzw. Fertigkeiten. Dabei sind die Übergänge vom Talent zur Fähigkeit fließend. Wenn Sie Glück hatten, sind Menschen in Ihrer Umgebung auf Ihre als Kind gezeigten Verhaltensweisen, z.B. Ihr lebhaftes Interesse an Klangkörpern aller Art, aufmerksam geworden und haben Sie darin unterstützt, sich weiterzuentwickeln. So konnten Sie hoffentlich etwas aus Ihren Begabungen oder Talenten machen und z.B. ein Musikinstrument erlernen, das Sie überdurchschnittlich gut beherrschen.

In der Schule hat man Ihnen die Zahlenwelt näher gebracht und vielleicht durch geschickte Motivation und pädagogische Unterstützung mathematische Fertigkeiten vermittelt (Beispiel: Sie beherrschen die Integralrechnung), die Sie von anderen abheben.

So haben Sie Tausende von Fertigkeiten im Laufe Ihres Lebens entwickelt, die Ihnen in den unterschiedlichsten Situationen weiterhelfen – angefangen vom Zubinden Ihrer Schuhe über die Beseitigung einer Verstopfung des Abflusses bis hin zu Maler- und Dekorationsarbeiten und, wenn es zu Ihren Arbeitsaufgaben gehört, der Interpretation einer Unternehmensbilanz (falls Sie als Wirtschaftsprüfer arbeiten) oder eines Krankheitssymptoms bei einem Patienten (falls Sie Arzt sind). Vielleicht sind Sie ein besonders geschickter Skifahrer oder haben es als Hobbygärtner zu beeindruckenden Ergebnissen gebracht. Darüber hinaus gibt es bestimmt verschiedenste Aufgaben und Tätigkeiten, die Sie gerne erledigen; Aufgabenbereiche, in denen Sie sich »fast wie zu Hause fühlen«, und Aktivitäten, die Ihr Wohlbefinden steigern. Ihre persönlichen Kompetenzmerkmale – gleichgültig, ob es sich um Fähigkeiten oder Interessen (Neigungen), zu denen wir noch kommen, handelt – sind Bausteine Ihres beruflichen Selbstbewusstseins.

Die Fähigkeit, Fähigkeiten zu erkennen

Wenn Sie Ihre Talente, Begabungen, Fähigkeiten und Fertigkeiten noch nicht völlig sicher kennen (bzw. benennen) und einschätzen können und sich schon lange nicht mehr dazu selbst erforscht haben, dann werden Ihnen die folgenden Übungen weiterhelfen.

Zunächst ist zu unterscheiden zwischen »Grundfähigkeiten« und »besonderen Fähigkeiten«. Grundfähigkeiten (Lesen, Schreiben, Rechnen usw.) sind Grundlage unseres täglichen Lebens und werden im Wesentlichen in der Schule erlernt. Wir betrachten diese Fähigkeiten häufig als Selbstverständlichkeit.

An die Gelegenheiten, bei denen Sie Ihre besonderen Fähigkeiten erproben konnten, erinnern Sie sich voller Stolz, weil sie Ihnen Freude bereiteten. Hierbei spielt es zunächst keine Rolle, ob das Ergebnis auch andere überzeugen konnte. Normalerweise ergibt sich das eine aus dem anderen: Wenn Sie etwas gut können, wird es Ihnen auch Spaß machen. Spaß haben Sie vielleicht an einer Sache, weil sie Ihnen leicht fällt, leicht von der Hand geht. Fragen Sie sich daher zunächst einmal bei einer Sache bzw. Tätigkeit: »Macht mir das Spaß?« – und nicht: »Mache ich das gut?«

Was sind Ihre besten (und liebsten) Fähigkeiten/Fertigkeiten und damit eben auch Tätigkeiten, denen Sie gerne nachgehen?

Bei den Fähigkeiten und Fertigkeiten, um die es jetzt hier geht, können Sie auf Ihr Berufs- und/oder auf Ihr Privatleben zurückgreifen. Vielleicht handelt sich dabei um Dinge, die Sie in der Schule oder in Ihrem bisherigen Berufsleben gelernt haben oder die Sie sich selbst aneigneten. Wichtig ist nur, dass durch den Einsatz, durch die Anwendung, durch das Tun sichtbare Ergebnisse erzielt wurden. Hier ein Beispiel:

»Briefe auf dem Computer erstellen« ist eine besondere Fähigkeit, denn das Ergebnis (der Brief) ist sichtbar. Das gilt auch für »Brücken bauen«, »Verkaufskampagnen entwickeln«, »Pflanzen züchten« und »Spendengelder auftreiben«. Am einfachsten lernen Sie Ihre besonderen Fähigkeiten kennen, indem Sie zunächst Ihre Grundfähigkeiten ermitteln und diese anschließend genauer beschreiben. Beim Beispiel *Schreiben* kann das folgendermaßen aussehen:

Berichte schreiben
Briefe schreiben
Geschichten schreiben
Arbeitszeugnisse schreiben
Reiseberichte schreiben

Übung: Um einen guten Überblick über Ihre besonderen Fähigkeiten zu bekommen, sollten Sie aus der Auflistung der Ihnen spontan eingefallenen, jetzt bereits schon identifizierten Fähigkeiten, die zehn auswählen, in denen Sie sich am sichersten fühlen. Gehen Sie dann folgendermaßen vor:

1. Finden Sie andere Ausdrücke, die mit der jeweiligen Fähigkeit vergleichbar sind, und schreiben Sie diese auf.
2. Notieren Sie wenigstens fünf mögliche oder bereits realisierte Anwendungsmöglichkeiten für Ihre besonderen Fähigkeiten.
3. Beenden Sie die Übung nicht, bis Sie nicht wenigstens 50 Beispiele gefunden haben. Wählen Sie dann die 25 Fähigkeiten aus, mit denen Sie sich am ehesten identifizieren können, schreiben Sie alle auf eine Liste, und entscheiden Sie für jede einzelne Fähigkeit, welche der folgenden Aussagen zutreffen:

   ▶ Es würde mir Spaß machen, diese Fähigkeit einzusetzen.
   ▶ Diese Fähigkeit passt auch gut zu meinen besonderen Stärken.
   ▶ Ich verfüge über berufliche oder private Erfahrungen mit dieser Fähigkeit in einem bestimmten Bereich.
   ▶ Dies ist etwas, was ich weiter ausbauen will und kann.

Hierzu ein Beispiel:

Grundfähigkeit:
Andere führen

Andere Möglichkeiten, dies zu beschreiben:
beaufsichtigen, steuern, Leute organisieren, andere (an)leiten, motivieren, beraten

Diese Fähigkeiten würde ich gerne einsetzen, wenn es darum ginge,

…den Aufbau einer neuen Bibliothek zu *beaufsichtigen,*

…die Aktivitäten zum Eintreiben von Geldern für eine Wahlkampagne zu *steuern,*

…eine Fußballmannschaft zu *organisieren,*

…eine Kirchengruppe beim Sammeln von Geld für die neue Orgel *anzuleiten,*

…junge Menschen bei der Berufswahl zu *beraten.*

Aber zu diesem Punkt kommen wir später noch zweimal ausführlich, wenn es darum geht, Ihre Wünsche und Neigungen zu identifizieren, und wenn es um ein ergebnisorientiertes, leistungsstarkes Handeln geht.

Die vier Fähigkeitshauptfelder

Nach Erkenntnis verschiedener amerikanischer Berufsberater und Arbeitspsychologen lassen sich Fähigkeiten und die darauf basierenden Tätigkeiten in vier große Bereiche aufgliedern: Sie sind gekennzeichnet durch den hauptsächlichen Umgang mit *Menschen, Maschinen oder Dingen, Zahlen bzw. Daten, Ideen und Konzepten.*

Damit sind wiederum ganz häufig Tätigkeiten verbunden, die wir hier kurz skizzieren:

▶ **Menschen:** *Anweisungen entgegennehmen, helfen, dienen, sprechen, Hinweise geben, unterhalten, überzeugen, beaufsichtigen, unterrichten, verhandeln, trainieren …*

▶ **Maschinen (Materialien, Dinge):** *anpacken, Material zuführen/wegtragen, bedienen, einstellen, in Betrieb setzen, Feineinstellungen vornehmen, warten, aufstellen, bearbeiten …*

▶ **Daten (Zahlen):** *kopieren, vergleichen, errechnen, zusammenstellen, analysieren, koordinieren, Neuerungen einführen, Verbindungen herstellen …*

▶ **Ideen (alles Abstrakte, auch Künstlerisches):** *ausdenken, erfinden, entwickeln, planen, Konzepte erstellen, kreativ sein, künstlerisch tätig sein, z. B. musizieren, schauspielern, malen, tanzen …*

In jeder der vier Kategorien, *Menschen, Maschinen, Daten* und *Ideen,* finden sich einfache und komplexere Fähigkeiten. Je höher Ihre übertragbaren Fähigkeiten einzustufen sind, desto mehr Freiheiten werden Sie in Ihrem Beruf haben. Wenn Sie nur einfachere Fertigkeiten für sich beanspruchen, wird Ihr Arbeitgeber Ihnen ständig Vorschriften machen. Mit einem höheren Grad an

Geschicklichkeit bekommen Sie mehr Raum für die Verwirklichung Ihrer eigenen Ideen.

Wenn Sie jetzt Ihre besonderen Fähigkeiten ermitteln und diese gut und überzeugend kommunizieren können, stärkt das Ihr Selbstbewusstsein, gibt Ihnen Kraft und Selbstvertrauen. Sie sind dann viel besser in der Lage, direkt auf Arbeitgeber zuzugehen und ihnen zu erklären, was Sie konkret für diese tun können. Gelegentlich kommt es sogar vor, dass ein Arbeitgeber einen neuen Arbeitsplatz einrichtet, wenn er von der Persönlichkeit (S. 96) und Qualifikation (jetzt hier dieses Kapitel), also den Fähigkeiten eines Bewerbers überzeugt ist. Vielleicht hatte er schon seit längerem über Veränderungen in seinem Betrieb nachgedacht, diese Überlegungen aber bisher nicht in die Tat umgesetzt.

Welche Probleme, die in der Arbeitswelt, in Unternehmen auftreten, könnten Sie mit Ihren Kenntnissen, Erfahrungen und Fähigkeiten lösen? Wären Sie in der Lage, Kunden zum Wiederkommen zu bewegen; die Qualität von Dienstleistungen oder Waren zu verbessern; dafür zu sorgen, dass Liefertermine eingehalten werden; Kosten zu senken oder neue Produkte zu erfinden?

Was haben Sie alles anzubieten? Wie gehen Sie generell mit Problemen um? Warten Sie darauf, dass sich »alles irgendwie ergibt«, oder arbeiten Sie systematisch an einer Lösung? Wir bieten Ihnen jetzt eine ganze Reihe von Übungen an, um sich diesem Thema auf den unterschiedlichsten Wegen zu nähern. Das Ziel ist immer das gleiche, nämlich die Frage zu beantworten: Was gibt es für Tätigkeiten, in denen Sie besonders gut, besonders erfolgreich sind, auf die Sie mit Recht stolz sein können. Die Klärung dieser Frage ist enorm wichtig für Ihr Selbstbewusstsein, für ein starkes Selbstwertgefühl.

Ihre Kernkompetenzen einschätzen

Die folgende Selbstbeurteilungsskala wird Ihnen dabei helfen, Ihren persönlichen Kompetenzstandort noch detaillierter zu bestimmen. Auf den nächsten Seiten finden Sie eine umfangreiche Liste von Fähigkeitsmerkmalen. Wie schätzen Sie sich selbst bezüglich der aufgeführten Fähigkeiten ein? Wie ist es um Ihre Leistungsbereitschaft bestellt? Sie haben sicherlich eine Vorstellung davon, was allgemein unter diesem Begriff verstanden wird. Es geht allein um Ihre persönliche Einschätzung. Diese brauchen Sie mit niemandem zu diskutieren. Sie müssen sich also für Ihre Einschätzung nicht rechtfertigen.

Bitte kreuzen Sie wieder bei jeder Eigenschaft an, wie ausgeprägt diese Ihrer Meinung nach bei Ihnen ist:

+3 = sehr stark ausgeprägt

+2 = deutlich ausgeprägt

+1 = etwas stärker als der Durchschnitt ausgeprägt

o = normal, ganz durchschnittlich, unauffällig

-1 = eher weniger ausgeprägt

-2 = recht schwach ausgeprägt

-3 = sehr schwach oder gar nicht ausgeprägt

Merkmalsgruppe 1

Sensibilität ...   +3 +2 +1 o -1 -2 -3

Zuhörfähigkeit ...   +3 +2 +1 o -1 -2 -3

Kontaktfähigkeit ...   +3 +2 +1 o -1 -2 -3

Aufgeschlossenheit ...   +3 +2 +1 o -1 -2 -3

Teamorientierung ...   +3 +2 +1 o -1 -2 -3

Kooperationsfähigkeit ... +3 +2 +1 o -1 -2 -3

Anpassungsfähigkeit ...   +3 +2 +1 o -1 -2 -3

Kompromissbereitschaft ...+3 +2 +1 o -1 -2 -3

Diplomatie ...   +3 +2 +1 o -1 -2 -3

Verhandlungsgeschick ...   +3 +2 +1 o -1 -2 -3

Integrationsvermögen ...   +3 +2 +1 o -1 -2 -3

Überzeugungspotenzial ... +3 +2 +1 o -1 -2 -3

Begeisterungsfähigkeit ... +3 +2 +1 o -1 -2 -3

Durchsetzungsfähigkeit ... +3 +2 +1 o -1 -2 -3

Motivationsfähigkeit ...   +3 +2 +1 o -1 -2 -3

sprachliches Ausdrucks-

vermögen ...   +3 +2 +1 o -1 -2 -3

schriftliches Ausdrucks-

vermögen ...   +3 +2 +1 o -1 -2 -3

rhetorische Fähigkeiten ... +3 +2 +1 o -1 -2 -3

Teamfähigkeit ...   +3 +2 +1 o -1 -2 -3

Anpassungsbereitschaft ... +3 +2 +1 o -1 2 3

soziale Kompetenz ...   +3 +2 +1 o -1 -2 -3

Kommunikations-

fähigkeit ...   +3 +2 +1 o -1 -2 -3

Merkmalsgruppe 2

Zielstrebigkeit ...   +3 +2 +1 o -1 -2 -3

Selbstbewusstsein ...   +3 +2 +1 o -1 -2 -3

Verantwortungs-

bewusstsein ...   +3 +2 +1 o -1 -2 -3

Kritikfähigkeit ...   +3 +2 +1 o -1 -2 -3

Selbstbeherrschung ...   +3 +2 +1 o -1 -2 -3

Zuverlässigkeit ...   +3 +2 +1 o -1 -2 -3

Toleranzfähigkeit ...   +3 +2 +1 o -1 -2 -3

Unerschrockenheit ...   +3 +2 +1 o -1 -2 -3

Bereitschaft zur Verantwor-

tungsübernahme ...   +3 +2 +1 o -1 -2 -3

Merkmalsgruppe 3

Risikobereitschaft ...   +3 +2 +1 o -1 -2 -3

Entscheidungsfähigkeit ... +3 +2 +1 o -1 -2 -3

Sicherheitsdenken ...   +3 +2 +1 o -1 -2 -3

Delegations-

bereitschaft ...   +3 +2 +1 o -1 -2 -3

Delegationsfähigkeit ...   +3 +2 +1 o -1 -2 -3

Belastbarkeit ...   +3 +2 +1 o -1 -2 -3

Stresstoleranz ...   +3 +2 +1 o -1 -2 -3

Lebensfreude ...   +3 +2 +1 o -1 -2 -3

Flexibilität ...   +3 +2 +1 o -1 -2 -3

Repräsentations-

vermögen ...   +3 +2 +1 o -1 -2 -3

Merkmalsgruppe 4

Arbeitsmotivations-

hilfe ...   +3 +2 +1 o -1 -2 -3

Tatkraft ...   +3 +2 +1 o -1 -2 -3

Führungsmotivation/

wille/fähigkeit ...   +3 +2 +1 o -1 -2 -3

Eigeninitiative ...   +3 +2 +1 o -1 -2 -3

Autonomie ...   +3 +2 +1 o -1 -2 -3

Durchsetzungs-

vermögen ...   +3 +2 +1 o -1 -2 -3

Selbstvertrauen ...   +3 +2 +1 o -1 -2 -3

Ehrgeiz ...   +3 +2 +1 o -1 -2 -3

Zielstrebigkeit ...	+3	+2	+1	0	-1	-2	-3
Durchhaltevermögen ...	+3	+2	+1	0	-1	-2	-3
Durchsetzungs- vermögen ...	+3	+2	+1	0	-1	-2	-3
Frustrationstoleranz ...	+3	+2	+1	0	-1	-2	-3
Erfolgsorientierung ...	+3	+2	+1	0	-1	-2	-3
Tatkraft ...	+3	+2	+1	0	-1	-2	-3
Vitalität ...	+3	+2	+1	0	-1	-2	-3
Leistungsbereitschaft ...	+3	+2	+1	0	-1	-2	-3
Idealismus ...	+3	+2	+1	0	-1	-2	-3
Identifikationsbereitschaft mit Unternehmen/ Institution ...	+3	+2	+1	0	-1	-2	-3

Merkmalsgruppe 5

Autonomie ...	+3	+2	+1	0	-1	-2	-3
Selbständigkeit ...	+3	+2	+1	0	-1	-2	-3
Verantwortungs- bewusstsein ...	+3	+2	+1	0	-1	-2	-3
Unabhängigkeit ...	+3	+2	+1	0	-1	-2	-3
Zuverlässigkeit ...	+3	+2	+1	0	-1	-2	-3
Selbstdisziplin ...	+3	+2	+1	0	-1	-2	-3
Stresstoleranz ...	+3	+2	+1	0	-1	-2	-3
Ausdauer ...	+3	+2	+1	0	-1	-2	-3
Belastbarkeit ...	+3	+2	+1	0	-1	-2	-3
Geduld ...	+3	+2	+1	0	-1	-2	-3
Pflichtbewusstsein ...	+3	+2	+1	0	-1	-2	-3
Loyalität ...	+3	+2	+1	0	-1	-2	-3

Merkmalsgruppe 6

analytisches Denken ...	+3	+2	+1	0	-1	-2	-3
konzeptionelles Planen ...	+3	+2	+1	0	-1	-2	-3
planvolles Vorgehen ...	+3	+2	+1	0	-1	-2	-3
kombinatorisches Denken ...	+3	+2	+1	0	-1	-2	-3
effiziente Arbeits- organisation ...	+3	+2	+1	0	-1	-2	-3
Entscheidungs- vermögen ...	+3	+2	+1	0	-1	-2	-3

Merkmalsgruppe 7

Kosten/Nutzen- Bewusstsein ...	+3	+2	+1	0	-1	-2	-3
unternehmerisches Denken ...	+3	+2	+1	0	-1	-2	-3
systematische Arbeits- organisation ...	+3	+2	+1	0	-1	-2	-3
Zieldefinitions- fähigkeit ...	+3	+2	+1	0	-1	-2	-3
Arbeitseffizienz ...	+3	+2	+1	0	-1	-2	-3
gesunder Materialismus ...	+3	+2	+1	0	-1	-2	-3
physische Fitness ...	+3	+2	+1	0	-1	-2	-3
gesundheitliches Wohlbefinden ...	+3	+2	+1	0	-1	-2	-3
psychische Konstitution ...	+3	+2	+1	0	-1	-2	-3
Selbstkontroll- fähigkeiten ...	+3	+2	+1	0	-1	-2	-3

Auswertung

Welche +3 oder ggf. +2-Ankreuzungen, welche –3, ggf. –2-Ankreuzungen haben Sie in den folgenden Merkmalsgruppen? (Bitte eintragen):

In der Merkmalsgruppe 1 (bitte aufschreiben)
Persönlichkeit/Kommunikationsfähigkeit/Soziale Kompetenz

In der Merkmalsgruppe 2 (bitte aufschreiben)
Selbstständigkeit

In der Merkmalsgruppe 3 (bitte aufschreiben)
Entscheidungsverhalten
In der Merkmalsgruppe 4 (bitte aufschreiben)
Leistungsmotivation

In der Merkmalsgruppe 5 (bitte aufschreiben)
Selbstkontrollfähigkeit/Aktivitätspozential

In der Merkmalsgruppe 6 (bitte aufschreiben)
Systematisch-zielorientiertes Denken und Handeln

In der Merkmalsgruppe 7 (bitte aufschreiben)
Wichtige globale Merkmale

Nachdem Sie diese Liste bearbeitet haben: Gibt es Merkmale, die Sie vermisst haben und um die Sie die Liste erweitern möchten? Würden diese neuen, von Ihnen beigesteuerten Fähigkeiten eher die Bewertung +3 oder –3 bekommen?

Was fällt Ihnen zu einzelnen Merkmalen, was zu den Merkmalsgruppen insgesamt ein? Wo liegen Ihre Stärken, wo eventuell Ihre Schwächen? Welche Erkenntnis lässt sich aus Ihren positiven Fähigkeiten für die Stärkung Ihres beruflichen Selbstbewusstseins formulieren? Mit welchen Defiziten müssen Sie sich ernsthaft auseinandersetzen, wenn Sie Ihre Dienstleistung erfolgreich in einem bestimmten Marktsegment vermarkten wollen? Welche Schwächen können Sie getrost vernachlässigen?

In einem späteren Schritt sollten Sie dann mit einem andersfarbigen Stift jeweils die Qualifikationsmerkmale markieren, von denen Sie glauben, dass sie von Arbeitsplatzanbietern Ihres Wunschbereichs erwartet und für wichtig gehalten werden. Der Vergleich dieser beiden Profile (Selbstbild/Idealbild; Markierungen durch eine Linie verbinden) wird Sie wiederum zum Nachdenken anregen.

Sie sollten auch Kopien der Listen erstellen. Bitten Sie dann ausgewählte Personen Ihrer Umgebung, Sie einzuschätzen. Der Vergleich beider Profile (Selbst- und Fremdbild) wird Ihnen weitere Denkanstöße geben.

Der Vorteil der Bearbeitung dieser Qualifikationsmerkmalsliste besteht wie bei der ersten Adjektivliste in einem verbesserten (im wahrsten Sinne des Wortes) Bewusstsein der eigenen Fähigkeiten und Leistungen. Nutzen Sie ggf. die Gelegenheit, an den im Selbst- oder Fremdbild sichtbar gewordenen Defiziten zu arbeiten, aber verheddern Sie sich auch nicht. Wichtiger ist, sich mit den Stärken auseinanderzusetzen und sich daraufhin Arbeitsaufgaben und Berufsbilder vorzustellen, in denen diese Stärken eingebracht und weiterentwickelt werden können.

Nach dieser Übung sind Sie sicher in der Lage, etwa fünf positive, aber auch möglicherweise drei bis fünf defizitäre Merkmale zu benennen, die Ihre Fähigkeiten, Ihr Können und Nichtkönnen zutreffend beschreiben.

Zu guter Letzt: Nach der Bearbeitung dieses wichtigen Teils im Prozess Ihrer Selbstbewusstwerdung sollten Sie wieder zu Stift und Papier zu greifen und Ihren Erkenntnisgewinn (auch wenn er nur gering ist, weil Sie es schon ahnten) aufschreiben und im Anschluss daran Ihre Meinung, Ihre Ideen, Ihre spontanen Assoziationen dazu festhalten.

Nur durch die schriftliche Auseinandersetzung werden Sie sich ganz intensiv mit den Ergebnissen beschäftigen und etwas davon in Ihr Bewusstsein bekommen. Diese gewisse Extraarbeit lohnt sich, auch wenn es Sie zunächst Überwindung kostet.

SCHLÜSSELQUALIFIKATIONEN

Nachdem wir uns mit Persönlichkeits-, Leistungs- und Kompetenzmerkmalen beschäftigt haben, ist es wichtig sich zu verdeutlichen, welche Schlüsselqualifikationen, welche *Soft Skills*, einen entscheidenden Beitrag zu Ihrem Selbstbewusstsein und verbesserten Selbstwertgefühl leisten können. Ohne diese ist kaum ein erfolgreiches Marketing in eigener Sache, ein wirkungsvolles Beziehungsmanagement denkbar. Die Bausteine dafür finden wir in der emotionalen Intelligenz und sozialen Kompetenz.

Bausteine eines erfolgreichen Beziehungsmanagements

»Cogito ergo sum.« – »Ich denke, also bin ich.« Dieser berühmte Ausspruch des französischen Philosophen René Descartes bestimmte über einen langen Zeitraum das abendländische Denken im Sinne einer einseitigen Verstandes- und Vernunftorientierung.

Der amerikanische Psychologe Howard Gardner wies bereits in den 70er Jahren des 20. Jahrhunderts darauf hin, dass der Begriff der Intelligenz bis dahin viel zu einseitig – reduziert auf logisch-rationale Fähigkeiten – definiert worden war. Er formulierte daraufhin das Modell der »multiplen Intelligenzen«. Gardner klassifizierte dabei die verschiedenen Arten von Intelligenz so:

▶ sprachliche Intelligenz
▶ mathematisch-logische Intelligenz
▶ räumliches Wahrnehmungsvermögen
▶ musikalische Intelligenz
▶ körperlich-motorische Intelligenz
▶ intrapsychische Intelligenz (die Fähigkeit, eigene Gefühle richtig einzuordnen)
▶ interpersonale Intelligenz (die Sensibilität, auf das Gefühlsleben anderer eingehen zu können)

Die beiden letztgenannten Formen der Intelligenz bilden dabei das Gerüst der *emotionalen Intelligenz,* jener Form der Intelligenz, die zum Beispiel beim Networking in erster Linie gefordert ist. Wir vertiefen diesen Punkt ab Seite 162.

Der amerikanische Psychologe John Major beschrieb zusammen mit dem Intelligenz- und Emotionsforscher Peter Salovey die fünf wesentlichen Charakteristika der emotionalen Intelligenz:[46]

- das Erkennen der eigenen Gefühle
- die Fähigkeit, eigene Emotionen konstruktiv einzuordnen
- die emotionale Kreativität (das Umsetzen der emotionalen Kraft)
- die Empathie (die Fähigkeit, sich in die Gefühle anderer Menschen hineinzuversetzen)
- das Engagement im zwischenmenschlichen, sozialen Verhalten

Die Quintessenz der Betrachtungen über die emotionale Intelligenz fasste Daniel Goleman schließlich folgendermaßen zusammen: »Für die Gesamtheit der Fähigkeiten, die die Intelligenz der Gefühle darstellen, gibt es ein altmodisches Wort: Charakter.« – Wie wahr!

Soziale Kompetenz, emotionale Intelligenz

Die soziale Kompetenz stellt einen nicht unerheblichen Aspekt der emotionalen Intelligenz dar. Unter sozialer Kompetenz versteht man primär die Fähigkeit, die zwischenmenschlichen Beziehungen konstruktiv und für alle Beteiligten zufriedenstellend zu gestalten. Das Fundament der sozialen Kompetenz bildet dabei sicherlich die so genannte *soziale Intelligenz.*

Die Kernpunkte der sozialen Kompetenz sind:

- **Sensibilität**
  Einfühlungsvermögen: Probleme und Gefühle anderer erkennen und berücksichtigen;
  realistisch die Wirkung der eigenen Person auf andere einschätzen.
- **Kontaktfähigkeit**
  Auf andere Menschen zugehen können, Kommunikationsbereitschaft zeigen;
  andere an Gesprächen teilhaben lassen;
  Offenheit bei eigenen Zielen, Absichten und Methoden;
  vertrauensvoller und hilfsbereiter Umgang mit anderen.

▶ **Kooperationsfähigkeit**
Aufgreifen und Weiterführen der Ideen anderer;
sich nicht auf Kosten anderer profilieren;
den eigenen Erfolg mit anderen teilen können;
Verzicht auf Konkurrenzdenken, Machtinteressen und Rivalität.

▶ **Integrationsvermögen**
Ursachen von Konflikten erkennen und für alle Beteiligte akzeptable
Lösungen anstreben;
unterschiedliche Interessen zielgerichtet »kanalisieren«, ohne dabei eigene
Konzepte zu vernachlässigen.

▶ **Informationsbereitschaft**
Andere mit Informationen versorgen;
wichtige Informationen nicht zurückhalten;
zuhören können und Zeit für Gespräche haben.

▶ **Selbstdisziplin / Frustrationstoleranz**
Auf persönliche Angriffe angemessen und nicht zu aggressiv reagieren;
andere nicht provozieren und sich selbst nicht provozieren lassen;
in seiner Stimmungslage berechenbar sein.

Soziale Kompetenz ist trainierbar, es existieren Möglichkeiten, soziale und emotionale Fähigkeiten weiterzuentwickeln und zu verbessern, um somit zwischenmenschliche Kommunikations- oder Konfliktsituationen besser bewältigen zu können. Dazu wird u. a. in Rollenspielen, Verhaltens- und Nachahmungsübungen sowohl einzeln als auch in Gruppen der individuelle Sozialcharakter gefestigt und dadurch Selbstbewusstsein sowie Selbstsicherheit gestärkt.

Zusammengefasst bemisst sich die soziale Kompetenz danach, wie ein Mensch in der Interaktion mit anderen im privaten, beruflichen und gesellschaftlichen Kontext selbstständig, umsichtig und konstruktiv zu handeln vermag. Da liegt es auf der Hand, dass eine gut entwickelte soziale Kompetenz direkten Einfluss auf Ihr Selbstbewusstsein hat.

Etwas anders ausgedrückt: Es geht um die Fähigkeit, zwischenmenschliche Kommunikation und Interaktionen optimal zu gestalten. Die Schlüsselqualifikationen hierfür sind Einfühlungsvermögen, Kommunikations- und Teamfähigkeit sowie Konfliktlösungskompetenz. Dass das alles in Ihren Selbstbewusstwerdungsprozess einfließt, liegt auf der Hand, um aber zielstrebig voranzukommen, bedarf es noch eines zusätzlichen Faktors, der Erfolgsintelligenz. Sie stärken Ihr Selbstbewusstsein und Selbstwertgefühl, indem Sie sich mit den hierfür entscheidenden Merkmalen und Fähigkeiten bewusst auseinandersetzen.

Erfolgsintelligenz

Der amerikanische Psychologe Robert J. Sternberg liefert in seinem Buch *Erfolgsintelligenz*[47] interessante Hinweise für unsere Selbstbewusstseinsentwicklung und zeigt (vielleicht ein bisschen sehr typisch amerikanisch), wie Erfolg erarbeitet werden kann. Sternberg unterscheidet zunächst zwischen analytischer, kreativer und praktischer Intelligenz. Mit analytischer Intelligenz werden Probleme gelöst; kreative Intelligenz lässt gute Ideen entstehen, die sich jedoch ohne praktische Intelligenz gar nicht verwirklichen ließen. Niemand erreicht in allen drei Intelligenzformen Höchstwerte. Die Kunst liegt darin, Stärken zu betonen und damit Schwächen zu kompensieren.

Eines ist klar: Erfolg – und somit auch beruflicher Erfolg – ist subjektiv. Während der eine es als Erfolg wertet, als Sozialarbeiter den Besuchern einer Altentagesstätte mit einer gut organisierten Weihnachtsfeier ein paar schöne Stunden zu bereiten, bedeutet Erfolg für den anderen, Auslegware für fünf Millionen Euro verkauft zu haben.

Emotionale, soziale und logisch-analytische Intelligenz, gepaart mit Bildung, bieten zusammen noch keine Garantie dafür, dass die gesteckten Ziele im Leben auch wirklich erreicht werden können. Zur Umsetzung dieser Fähigkeiten bedarf es einer weiteren wichtigen Komponente, eben dieser Erfolgsintelligenz.

Hierzu ein drastisch überzeichnetes, dafür aber sehr anschauliches Beispiel:

Zwei Touristen befinden sich auf einer Fotosafari im Süden Afrikas. Obwohl sie zusammen reisen, sind sie doch sehr unterschiedlich: Der eine, nennen wir ihn Sebastian Schmidt, ist angehender Jurastudent, hatte sehr gute Abiturnoten und besitzt ein gesundes Selbstbewusstsein; Markus Müller, der andere, wurde wegen schlechter Schulnoten vom Gymnasium verwiesen und hält sich zurzeit mit Gelegenheitsjobs einigermaßen gut über Wasser.

Auf der Suche nach einem ansprechenden Fotomotiv haben sich die zwei weit von ihrem Jeep entfernt, als sie unverhofft einem ausgehungerten Löwen gegenüberstehen, der ihnen unmissverständlich vermittelt, dass er sich diese Beute nicht entgehen lassen wird. Schmidt erkennt sofort, dass der Löwe die Distanz zu ihnen in weniger als 30 Sekunden zurückgelegt haben würde und es bis zum Fahrzeug mehr als zwei Minuten wären. Er bleibt wie gelähmt stehen, während Müller seine Trek-kingschuhe auszieht und in seine mitgebrachten Sportschuhe schlüpft. Panisch herrscht Schmidt ihn an: »Was soll der Quatsch? Wir können doch nicht schneller als ein Löwe rennen!« Müller jedoch entgegnet ihm lächelnd: »Schneller als ein Löwe? Nein, ich muss doch aber auch nur schneller rennen als du.«

Hier wird sehr plastisch verdeutlicht, was erfolgreiches Handeln ausmacht. Während Schmidt die Situation zwar richtig analysiert, aber kraft seines Wissens eine Ausweglosigkeit diagnostiziert hat, findet Müller einen praktikablen und ideenreichen Weg zur Lösung seines Problems. Er beweist damit so etwas wie Erfolgsintelligenz, wenn auch darwinistisch-rüde.

Machen Sie sich bewusst, dass sich Erfolg immer aus einzelnen Bausteinen zusammensetzt. Wo zu viele Mosaikbausteine fehlen, kann kein harmonisches Ganzes entstehen. Erfolglosigkeit ist die logische Konsequenz. In Anlehnung an Sternberg und unsere eigenen Forschungsergebnisse aus 20 Jahren Berufs-strategie- und Beratungstätigkeit haben sich diese Kriterien herauskristallisiert, die Erfolg ausmachen und die Ihr Selbstwertgefühl und Ihre Selbstwirksamkeit stärken werden:[48]

1. Fördern Sie aktiv Ihre Kommunikations-, Kontakt- und Beziehungsfähigkeit.
2. Entwickeln Sie Ihre Persönlichkeit, stärken Sie Ihre emotionale Stabilität.
3. Vertiefen Sie Ihre Kompetenz sowie Ihren Glauben an die eigenen Fähigkeiten, und machen Sie das Beste daraus.
4. Haben Sie keine Angst vor Fehlschlägen, und lernen Sie, sich selbst zu motivieren.
5. Lassen Sie sich von einem ergebnisorientierten Handeln leiten, und üben Sie das Umsetzen von Ideen in Taten.
6. Entwickeln Sie Ihr Gespür dafür, zwischen wichtigen und unwichtigen Dingen unterscheiden zu können.
7. Ergreifen Sie selbst die Initiative, schieben Sie Dinge nicht auf die lange Bank, und erledigen Sie angefangene Arbeiten.
8. Stärken Sie Ihre Fähigkeit, Impulse kontrollieren zu können.
9. Konzentrieren Sie sich auf die eigenen Ziele, und vergessen Sie nicht Ausdauer, Durchhaltevermögen und Gelassenheit.
10. Akzeptieren Sie berechtigte Kritik, und bedauern Sie sich nicht ständig selbst.

11. Bewahren Sie weitestgehend Ihre Unabhängigkeit.
12. Lernen Sie, persönliche Schwierigkeiten zu überwinden.
13. Finden Sie für sich das richtige Maß zwischen Überbelastung und Unterforderung.
14. Entwickeln Sie Geduld beim Warten auf Belohnungen.
15. Praktizieren Sie eine möglichst ausgewogene analytische, kreative und praktische Denkweise.

▶ **Trainieren Sie Ihre Kommunikations-, Kontakt- und Beziehungsfähigkeiten**
Wenn es in der Arbeitswelt auf etwas ankommt, dann ist es die Fähigkeit mit anderen erfolgreich zu kommunizieren. Ohne ein gewisses Maß an Ausdrucksfähigkeit und dem Vermögen, auf Menschen zuzugehen und in einen positiven Kontakt zu treten, werden Sie nichts erreichen. Dies setzt voraus, dass Sie zunächst gut mit sich selbst in Kontakt stehen (Stichwort Selbstbewusstsein etc.), aber auch über Techniken verfügen und diese weiterentwickeln, die Ihnen den Kontakt zu anderen erleichtern.

▶ **Entwickeln Sie Ihre Persönlichkeit, stärken Sie Ihre emotionale Stabilität**
Neben Ihren Kompetenzen und Ihrer Leistungsmotivation ist es vor allem Ihre Wesensart, die über Ihren Erfolg oder Misserfolg entscheidet. Nutzen Sie alle Möglichkeiten, sich mit sich selbst auseinanderzusetzen, sich persönlich positiv weiterzuentwickeln.

▶ **Stabilisieren Sie Ihr Selbstvertrauen und den Glauben an die eigenen Fähigkeiten**
Das Selbstwertgefühl muss im Alltag nicht selten härteste Rückschläge verkraften, Selbstzweifel sind die unausweichlichen Folgen. Diese Zweifel sind durch das Fehlen von Selbstvertrauen oft unverhältnismäßig groß. Aber auch ein Zuviel an Selbstbewusstsein kann schädlich sein: Dies führt dann zu Selbstüberschätzung und zwangsläufig zu Enttäuschungen. Erfolgsintelligente Menschen kennen ihre Qualitäten und glauben an ihre Fähigkeiten, ohne dabei das richtige Maß der Selbsteinschätzung aus den Augen zu verlieren.

▶ **Keine Angst vor Fehlschlägen**
Alle Menschen machen Fehler, und kaum jemand begeht sie absichtlich. Was Menschen jedoch unterscheidet, sind die Konsequenzen daraus. Viele Menschen entwickeln Versagensängste, die meist schon in der Kindheit

entstehen und einem erfolgsorientierten Handeln im Wege stehen. Einen Fehler zu begehen ist jedoch nicht dasselbe wie Versagen. Auch erfolgsintelligente Personen begehen natürlich Fehler, sie machen jedoch den gleichen Fehler – in der Regel – nicht noch einmal. Aus Fehlern zu lernen und sie zu korrigieren ist ein wichtiger Aspekt der Erfolgsintelligenz.

▶ **Lernen Sie, sich selbst zu motivieren**
Gemeint ist hier der Wille zum Erfolg. Grundsätzlich gibt es zwei Arten von Motivation: die innere und die äußere. Zur äußeren gehören Faktoren wie Anerkennung oder materielle Anreize. Auf solche Anreize hat man jedoch keinen oder nur einen geringen Einfluss. Die Motivation aus sich selbst heraus (z. B. durch Freude an der Arbeit) hingegen ist dauerhafter, da sie unabhängiger von externen Faktoren macht. Am meisten Erfolgsintelligenz haben die Menschen, die beide Arten der Motivation günstig miteinander verbinden können.

▶ **Das Umsetzen von Ideen in Taten**
»Es gibt nichts Gutes, außer man tut es.« (*Erich Kästner*) Dieses Zitat beschreibt es treffend. Die besten Ideen führen letztendlich zu nichts, wenn sie nicht umgesetzt werden, Menschen können dann durchaus sogar von »ihren Gedanken begraben« werden (*E. R. Guthrie*). Erfolgsintelligente Personen finden Wege, Ideen Wirklichkeit werden zu lassen. Interessanterweise ist diese Fähigkeit nicht immer von einen hohen IQ abhängig: Während Menschen mit einem höheren IQ in entspannten Situationen bessere Führungsqualitäten als Personen mit einem eher niedrigen IQ zeigen, ist dies bei Stress sehr häufig umgekehrt.

▶ **Ergebnisorientiertes Handeln**
»Der Weg ist das Ziel.« Diese alte Weisheit trifft ausnahmsweise nicht zu, wenn es um Erfolgsintelligenz geht. In diesem Falle ist eher das Ergebnis von entscheidender Bedeutung; das Betrachten einer schönen Allee bringt einen noch nicht zum gewünschten Zielort. Menschen mit Erfolgsintelligenz interessieren sich zwar durchaus auch für Verlaufsprozesse, legen aber ihre eigentliche Konzentration auf das Produkt, das erzeugt werden soll. Sie handeln stark ergebnisorientiert.

▶ **Zwischen wichtigen und unwichtigen Dingen unterscheiden können**
Sicher gibt es Situationen, in denen winzige Details immens bedeutsam sein können; so z. B. beim Bergsteigen, wo die kleinste Unaufmerksamkeit fatale Folgen haben kann. Meist jedoch ist es im Leben wichtiger, die Konzentration auf die Gesamtheit einer Sache zu lenken. Erfolgsintelligente Menschen besitzen die Fähigkeit, zwischen den wichtigen und unwichtigen

Dingen im Leben zu differenzieren und fokussieren sich auf das, was sie tatsächlich ihren Zielen näher bringt.

▶ **Selbst die Initiative ergreifen**

Jede Initiative bedeutet eine Bindung an eine Situation und bedingt Konsequenzen. Die Hemmung, sich auf etwas einzulassen, ist einer der Hauptgründe, weswegen Menschen sich scheuen, die Initiative zu ergreifen. Die Angst vor Verbindlichkeit hindert außerdem viele daran, eine tiefere Beziehung zu einem anderen Menschen einzugehen. Erfolgsintelligente Personen besitzen die Fähigkeit, sich verantwortungsbewusst auf etwas einzulassen, und ängstigen sich somit auch im Gefühlsleben nicht vor »positiven« Konsequenzen.

▶ **Dinge nicht auf die lange Bank schieben**

Viele Menschen behaupten, sie könnten unter Zeitdruck besser arbeiten. Den Zeitdruck erzeugen sie sich dann praktischerweise gleich selbst. Diese Bewältigungsstrategie ist jedoch meist sehr problematisch; erwiesenermaßen würden fast alle Aufgaben qualitativ besser ausfallen, wenn man die entsprechende Zeit dafür verwendet. Dass sich Zaudern im Berufsleben negativ auswirkt, ist nur eine Konsequenz daraus. Personen mit Erfolgsintelligenz teilen sich daher ihre Zeit so ein, dass sie ihre Aufgaben gut erledigen können.

▶ **Das Erledigen angefangener Arbeiten**

Personen mit Erfolgsintelligenz sind keine »Abbrecher«; Dinge, die begonnen worden sind, werden von ihnen meistens auch zu Ende geführt. Die Furcht vor dem »Danach«, die viele Menschen zaudern lässt, ist ihnen weitestgehend unbekannt. Sie finden für sich auch danach eine neue, lohnenswerte Aufgabe.

▶ **Die Fähigkeit, Impulse kontrollieren zu können**

Impulsive Reaktionen sind an sich nichts Ungewöhnliches und in einigen Situationen durchaus notwendig. Dennoch kann das sofortige Umsetzen von inneren Impulsen zu unüberlegtem Handeln führen und verhindern, dass eigentlich vorhandene Fähigkeiten umgesetzt werden können. Personen mit Erfolgsintelligenz handeln daher – wenn notwendig – rasch, ansonsten aber eher aus ihrer Erfahrung heraus und nach einer Zeit des Abwägens.

▶ **Die Konzentration auf die eigenen Ziele**

Intelligenz ist keine Voraussetzung für Konzentrationsfähigkeit. Vielen Menschen gelingt es nie, sich längere Zeit auf eine einzige Sache zu konzentrieren. Gewiss ist Ablenkbarkeit ein Faktor, den niemand gänzlich ausschließen kann, doch können erfolgsintelligente Menschen sich ohne allzu große Probleme auf die wesentlichen Dinge konzentrieren, da sie die Rahmenbedingungen kennen, unter denen sie am effektivsten arbeiten können, und sich diese zu ihrem eigenen Vorteil auch schaffen.

▶ **Das Wissen um die Notwendigkeit von Durchhaltevermögen und Ausdauer**

Ausdauer gehört sicherlich zu den wichtigsten Faktoren der Erfolgsintelligenz. Wer zu schnell resigniert, wird seine Ziele niemals erreichen können. Aber auch wer – trotz offensichtlicher Aussichtslosigkeit – zu lange an einer Sache festhält, blockiert sich auf seinem Lebensweg unnötig selber. Erfolgsintelligent handeln also Menschen, die erkennen, wann Beharrlichkeit notwendig ist; dies muss sich nicht auf das Berufsleben beschränken, auch in anderen Situationen, wie im wiederholten Werben um einen Menschen, in den man verliebt ist, kann ein realistisches Maß an Beharrlichkeit zum erhofften Ergebnis führen.

▶ **Akzeptieren Sie berechtigte Kritik**

Menschen, die derart überzeugt von sich sind, dass sie sich für nahezu unfehlbar halten, suchen für jeden Fehler, mag er auch noch so klein sein, einen Schuldigen. Doch falsche Schuldzuweisungen können im Privat- wie im Berufsleben schwerwiegende negative Konsequenzen nach sich ziehen. Personen mit Erfolgsintelligenz übernehmen die Verantwortung für gemachte Fehler, sie fordern keine Entschuldigungen und übertragen auch nicht ihre Schuld auf andere. Wer einen Irrtum zugibt, zeigt innere Größe und hat überdies die Chance, aus seinem Fehler zu lernen.

▶ **Bedauern Sie sich nicht ständig selbst**

Es ist oftmals recht schwer, sich nicht selbst zu bedauern, wenn sich Lebenssituationen ergeben haben, mit denen man nur schwer klar kommt und die einen stark belasten. Permanentes Selbstmitleid jedoch ist kontraproduktiv und bringt genau das Gegenteil von dem, was eigentlich intuitiv damit bezweckt wurde – Zuwendung. Stattdessen reagieren die Mitmenschen mit wachsender Ungeduld und wenden sich schließlich ab. »Personen mit Erfolgsintelligenz haben keine Zeit für Selbstmitleid.« (*Sternberg*) Sie setzen stattdessen alles daran, für sie ungünstige Situationen so schnell wie möglich wieder ins Lot zu bringen.

▶ **Bewahren Sie Ihre Unabhängigkeit**

Selbständiges Handeln ist für die meisten Aufgaben im Leben eine unabdingbare Voraussetzung. Bleibt die Fähigkeit hierzu unterentwickelt, kann der schulische und später der berufliche Erfolg stark gefährdet sein. Auch in der Teamarbeit werden in gewisser Weise ein selbständiges Arbeiten und

Denken erwartet. Personen mit Erfolgsintelligenz bauen in erster Linie auf sich selbst; sie agieren souverän und übernehmen natürlich auch die Verantwortung für ihre Handlungen.

▶ **Lernen Sie, persönliche Schwierigkeiten zu überwinden**
Wir alle haben irgendeinmal feststellen müssen, dass das Leben nicht nur Sonnen-, sondern auch Schattenseiten hat. Die Krisen im Leben haben meist Auswirkungen auf alle Lebensbereiche und somit auch auf das Berufsleben. Erfolgsintelligente Menschen haben erkannt, dass es nicht der richtige Weg wäre, persönlichen Schwierigkeiten auszuweichen, und stellen sich auch unangenehmen Situationen; doch sie trennen ihr Berufs- und Privatleben so weit wie möglich.

▶ **Finden Sie das richtige Maß zwischen Überbelastung und Unterforderung**
Zu viel Ehrgeiz kann auch schädlich sein: Wer sich überschätzt und sich zu viel zumutet, erreicht die gesteckten Ziele trotz Engagement und harter Arbeit nur selten. Es besteht ständig die Gefahr, sich in zu vielen Einzelprojekten zu verlieren. Genauso schädlich kann jedoch auch Unterforderung sein, da persönliche Qualitäten nicht zum Einsatz kommen und so verkümmern können; darüber hinaus werden möglicherweise Chancen verpasst. Menschen mit Erfolgsintelligenz wissen daher ihre Kapazitäten optimal einzusetzen und auch ihre Zeit zur Leistungssteigerung richtig einzuteilen.

▶ **Haben Sie Geduld beim Warten auf Belohnungen**
Die Erfolgsleiter im Leben ist meist steil und hoch. Erfolg zu erlangen ist ein langwieriger Prozess, der den berechtigten Wunsch nach entsprechender Anerkennung oft lange Zeit unberücksichtigt lässt. Dieser Wunsch bringt viele Menschen dazu, sich nur auf Aufgaben einzulassen, die in relativ kurzer Zeit zu realisieren sind; dabei bleiben größere, längerfristig konzipierte Projekte leider unverwirklicht. Personen mit Erfolgsintelligenz nehmen zwar die kleinen Entlohnungen des Lebens wahr, konzentrieren sich jedoch primär auf die Dinge – sei es nun beruflich oder privat –, die ihnen längerfristig die größten Erfolgserlebnisse bereiten.

▶ **Eine ausgewogene analytische, kreative und praktische Denkweise**
Verschiedene Situationen im Leben erfordern unterschiedliches Denken zum Bewältigen der Aufgaben: Manchmal ist analytisch geprägtes Denken von Vorteil, ein anderes Mal ist ein kreatives Herangehen notwendig, genauso wie eine praxisorientierte Handlungsweise bei einigen Aspekten das Beste ist. Menschen mit Erfolgsintelligenz besitzen nicht nur analytische, kreative und praktische Denkfähigkeiten, sondern sie wissen darüber hin-

aus, in welcher Situation die richtige Art des Denkens gefordert ist. Dadurch sind sie in der Lage, Anforderungen besser gerecht zu werden.

Zusammengefasst: Ein bisschen Theorie kann nicht schaden. Also haben wir uns hier mit den wichtigsten Erfolgskonzepten (oder sollen wir sie Rezepte nennen?) auseinandergesetzt. Die Weichensteller sind vor allem:

▶ Kommunikation, Konzentration und Kompetenz (Stich- und Merkwort: KoKoKo)
▶ Kontakt- und Beziehungsfähigkeit
▶ Ausdauer, Geduld und Gelassenheit

Entscheidend sind also die Faktoren:

▶ Persönlichkeit
▶ Leistungsmotivation
▶ Kompetenz

sowie Mut, Engagement und sicherlich aber auch das berühmte Quäntchen Glück.

Bedenken Sie: Ihren Erfolg verdanken Sie zu:

10 bis etwa 20 Prozent Ihrer Kompetenz,

20 bis etwa 40 Prozent (also doppelt so viel) Ihrer Leistungsmotivation, aber zu

40 bis etwa 80 Prozent Ihrer persönlichen Wesensart.

Was Sie jetzt noch brauchen, ist ein fundiertes Hintergrundwissen, einen möglichst breiten Kenntnisstand in Sachen Selbstmarketing. Je sorgfältiger Sie Ihr Vorgehen hierbei planen, desto stabiler Ihr Selbstbewusstsein, desto realistischer wird Ihr beruflicher Erfolg.

Gäbe es so etwas wie eine einfache Zauberformel, dann lautete diese: Prioritäten setzen. Die einzige verlässliche Konstante ist die Veränderung. Umso mehr kommt es darauf an, sich den Herausforderungen mit der richtigen Strategie zu stellen.

Machen Sie sich immer wieder bewusst: Auf dem heutigen Arbeitsmarkt sind Sie nicht mehr klassischer Arbeitnehmer auf der Suche nach einem klassischen Arbeitgeber, sondern Unternehmer – ein modernes Ein-Mann-/Eine-Frau-Dienstleistungsunternehmen. Umso wichtiger für Sie, unternehmerisch zu denken und zu handeln.

Stichwort: gezieltes Marketing Ihrer Dienstleistung. Ihre Kunden, die Einkäufer Ihres Know-how, verhalten sich nach den Marktgesetzen. Also entscheidet über Ihren Erfolg vor allem eine gute Marketing –, und das bedeutet eine überzeugende Präsentations- und Verkaufsstrategie, Ihres Angebotes, um nicht zu sagen, Ihrer gesamten Person. Die drei wichtigsten Prinzipien des Selbstmarketings und die Grundlage Ihres Berufserfolges lassen sich, wie wir auf S. 83 ff. ausgeführt haben, so formulieren:

1. Konzentration ist besser als Verzettelung.
2. Es geht um das Herausfinden des wirkungsvollsten Ansatzpunktes sowie
3. das Erkennen und Bedienen eines Engpasses oder einer Marktlücke.

Wenn Sie Ihre Rolle als Unternehmer ernst nehmen, müssen Sie sich vertraut damit machen, wie und was Ihr Kunde denkt und will. Dass Intelligenz allein fast nichts bewirkt und worauf es wirklich ankommt, wenn man etwas erreichen will, verdeutlichen uns sehr anschaulich die Modelle der emotionalen, sozialen und Erfolgsintelligenz.

Und deshalb: KoKoKo. Das bedeutet: Stärken Sie Ihre kommunikativen Fähigkeiten (auch im Sinne eines positiven Kontaktverhaltens und einer stabilen Beziehungsfähigkeit. Wählen Sie aus, und konzentrieren Sie sich auf Ihre Stärken, und entwickeln Sie Ihre Kompetenzen.

MOTIVATION

Man kann nicht von Selbstbewusstsein in der Arbeitswelt sprechen, ohne in diesem Zusammenhang auch auf das wichtige Thema Motivation einzugehen.

Unter Motivation versteht man die Beweggründe für ein auf ein konkretes Ziel gerichtetes Verhalten. Dieser Antrieb kann bewusst oder unbewusst sein. Motivationen werden durch Interessen, Bedürfnisse und Gewohnheiten bestimmt. Sie betreffen meist die Folgen von Handlungen, wie zum Beispiel Belohnung, Erfolg, Misserfolg oder Ansehen.

Motivation hat viele Ursprünge: Angst, Liebe, Neid oder Mitgefühl. Die Wurzeln liegen sicherlich im Überlebenstrieb. Wer unter Hunger oder anderen extremen Notlagen leidet, wird mit allen Mitteln versuchen, sich aus diesen Situationen zu befreien. Aber sobald unsere Grundbedürfnisse befriedigt sind, motiviert uns nur noch, was uns Spaß macht.

Für die meisten Menschen liegt die Bedeutung der Arbeit irgendwo zwischen Überleben und Vergnügen. Zumindest in den westlichen Industrieländern sorgt ein soziales Netz dafür, dass man ohne Arbeit nicht verhungern muss. Wer aber mehr verlangt als Brot auf dem Tisch und ein Dach über dem Kopf, für den wird bezahlte Arbeit wichtig.

Motivationstest – Was ist mir wichtig, was treibt mich an?

Der eine läuft zur Höchstform auf, wenn er einem Kollegen etwas Gutes tun kann. Der andere wirft sich erst ins Zeug, wenn eine Gehaltserhöhung winkt. Und Sie? Was treibt Sie an? Welcher Motivationstyp Sie sind?

Zu jeder der folgenden 13 Fragen finden Sie je drei Antwortpaare vor. Sie müssen sich jeweils für eine der beiden Antworten entscheiden, in Frage 1 beispielsweise, ob Sie mehr Wert auf einen gut bezahlten Job oder auf berufliche Selbstverwirklichung legen. In der nächsten Zeile kreuzen Sie an, ob Sie mehr Wert auf eine verantwortungsvolle Aufgabe oder auf Kontakte zu wichtigen Leuten legen usw. Pro Frage müssen Sie also drei Entscheidungen treffen – macht drei Kreuze mal 13 Fragen. »Weiß nicht« oder »kann mich nicht entscheiden« gibt es nicht. Wie Sie Ihren Test auswerten und was das Testergebnis für Sie bedeutet, lesen Sie ab Seite 129 ff.

1. Worauf legen Sie mehr Wert?

___ gut bezahlten, sicheren Job   **oder**   ___ berufliche Selbstverwirklichung

___ verantwortungsvolle Aufgaben   **oder**   ___ Kontakte zu wichtigen Leuten

___ viele feste Freundschaften   **oder**   ___ eigenes luxuriöses Haus

2. Was stellen Sie sich schöner vor?

___ etwas im Unternehmen bewegen   **oder**   ___ eigenes luxuriöses Haus besitzen

___ Kontakte zu wichtigen Leuten   **oder**   ___ berufliche Selbstverwirklichung

___ finanzielle Unabhängigkeit   **oder**   ___ Kontakte zu wichtigen Leuten

3. Was ist eher Ihr Ding?

___ viel Spontaneität   **oder**   ___ eher weniger Spontaneität

___ eher kritisches Abwägen   **oder**   ___ sich schnell begeistern

___ hohe Flexibilität   **oder**   ___ ziemlich unangepasst sein

4. Welcher Verlust wäre schlimmer für Sie?

___ viele feste Freundschaften   **oder**   ___ berufliche Selbstverwirklichung

___ gut bezahlter, sicherer Job   **oder**   ___ Kontakte zu wichtigen Leuten

___ verantwortungsvolle Aufgabe   **oder**   ___ gut bezahlter, sicherer Job

5. Was charakterisiert Sie besser?

___ eher sicherheitsbewusst   **oder**   ___ leicht und schnell

___ ziemlich kritisch und überlegt   **oder**   ___ recht unkompliziert

___ etwas nachgiebig   **oder**   ___ eher unbeugsam

6. Was beeindruckt Sie bei anderen mehr?

___ finanzielle Unabhängigkeit   **oder**   ___ viele feste Freundschaften

___ etwas im Unternehmen bewegen   **oder**   ___ hohe Wertschätzung durch Chef

___ gut bezahlter, sicherer Job   **oder**   ___ etwas im Unternehmen bewegen

7. Was ist Ihnen wichtiger?

___ hohe Wertschätzung durch Chef   **oder**   ___ verantwortungsvolle Aufgabe

___ viele feste Freundschaften   **oder**   ___ gut bezahlter, sicherer Job

___ eigenes luxuriöses Haus   **oder**   ___ hohe Wertschätzung durch Chef

8. Auf welcher Seite finden Sie sich wieder?

___ eher Risiko vermeidend   **oder**   ___ meist risikofreudig

___ nicht gut leidensfähig   **oder**   ___ ziemlich frustrationstolerant

___ etwas wankelmütig   **oder**   ___ eher stabil bis stoisch

9. Was zählt mehr für Sie?

___ verantwortungsvolle Aufgabe   **oder**   ___ eigenes luxuriöses Haus

___ berufliche Selbstverwirklichung   **oder**   ___ hohe Wertschätzung durch Chef

___ eigenes luxuriöses Haus   **oder**   ___ berufliche Selbstverwirklichung

10. Welche Merkmale treffen auf Sie zu?

___ ziemlich starke Zielorientierung   **oder**   ___ leichte Ablenkbarkeit

___ leichte Ungeduld   **oder**   ___ ziemlich große Ausdauer

___ eher langes Durchhaltevermögen   **oder**   ___ schnelle Anpassungsbereitschaft

11. Worauf würden Sie eher nicht verzichten wollen?

___ Kontakte zu wichtigen Leuten   **oder**   ___ etwas im Unternehmen bewirken

___ hohe Wertschätzung durch Chef   **oder**   ___ gut bezahlter, sicherer Job

___ finanzielle Unabhängigkeit   **oder**   ___ verantwortungsvolle Aufgaben

12. Was wünschen Sie Ihrem Partner mehr?

___ berufliche Selbstverwirklichung   **oder**   ___ finanzielle Unabhängigkeit

___ verantwortungsvolle Aufgaben   **oder**   ___ viele feste Freundschaften

___ finanzielle Unabhängigkeit   **oder**   ___ etwas im Unternehmen bewegen

13. Was halten Sie für erstrebenswerter?

___ viele feste Freundschaften   **oder**   ___ etwas im Unternehmen bewegen

___ hohe Wertschätzung durch Chef   **oder**   ___ finanzielle Unabhängigkeit

___ Kontakte zu wichtigen Leuten   **oder**   ___ eigenes luxuriöses Haus besitzen

Auswertung

Etwas vereinfacht formuliert sind es vor allem drei Dinge, die Menschen antreiben: materielle, ideelle und personelle Motive. Für Ihre Antworten auf die Fragen 1, 2, 4, 6, 7, 9, 11, 12 und 13 war mal dieser, mal jener Faktor ausschlaggebend. Zählen Sie, wie oft Sie materielle (Aussage: *gut bezahlter, sicherer Job, eigenes luxuriöses Haus, finanzielle Unabhängigkeit*), ideelle (Aussage: *etwas im Unternehmen bewegen, verantwortungsvolle Aufgabe, berufliche Selbstverwirklichung*) und personelle Motive (Aussage: *Kontakte zu wichtigen Leuten, hohe Wertschätzung durch Chef, viele feste Freundschaften*) angekreuzt haben.

Die Fragen 3, 5, 8 und 10 zielen auf etwas anderes, nämlich darauf, ob Sie eher intrinsisch oder mehr extrinsisch motiviert sind. Intrinsisch bedeutet, dass Ihre Motivation von innen kommt. Sie brauchen niemanden, der Ihnen

»auf die Füße tritt« oder »die Möhre vor die Nase hält«. Extrinsisch bedeutet, dass Sie mit einem »Anstoß von außen« mehr leisten als ohne ihn. Zählen Sie, wie oft Sie sich für eine Antwort entschieden haben, die mit »eher« oder »ziemlich« beginnt. Mit diesen Wörtern haben wir die Antworten markiert, die auf eine intrinsische Motivation hinweisen.

Im Idealfall haben Sie Ihre insgesamt 27 Motivationspunkte (neun Fragen mal drei Entscheidungen) sowie Ihre zwölf In-/Ex-Punkte (vier Fragen mal drei Entscheidungen) gleichmäßig verteilt – also neun Mal materiell, neun Mal ideell, neun Mal personell, sechs Mal intrinsisch, sechs Mal extrinsisch. Sehr wahrscheinlich ist das aber nicht. Die eine Testdimension wird bei Ihnen sicher stärker, die andere etwas weniger ausgeprägt sein.

Zunächst zur Frage, ob Sie mehr intrinsisch oder extrinsisch motiviert sind.

Ihre Punkte in diesen beiden Dimensionen können Sie so interpretieren:

6 Punkte – beide Dimensionen halten sich die Waage

7 Punkte – hier zeichnet sich eine leichte Tendenz ab

8 Punkte – klar präferierte Tendenz

9 Punkte – sehr deutliche Tendenz

ab 10 Punkte – eindeutig stark bevorzugte Tendenz

Die Interpretation beider Typen:

Als **Intrinsiker** haben Sie etwas so verinnerlicht, zu Ihrer eigenen Sache, Meinung oder Ihrem Ziel gemacht, dass es anscheinend keinen Unterschied macht, ob Sie von außen eine Verstärkung, einen Anreiz erhalten oder nicht. Sie haben ein hohes Durchhaltevermögen und eine größere Frustrationstoleranz, tun sich aber bisweilen auch mit einer notwendigen Anpassung schwer.

Tipp: Lassen Sie Kollegen und Freunde an Ihrem Energieüberschuss teilhaben. Übernehmen Sie in einem Team ruhig mal die Führungsrolle, werden Sie Motivator für andere. Dann gibt es auch jemanden, der Ihnen hilft, wenn Probleme auftauchen und Sie mit dem Kopf durch die Wand wollen.

Als **Extrinsiker** brauchen Sie einen Anreiz, der von außen kommt und möglichst deutlich präsent bleibt. Ihre Antriebskraft steigt, je mehr Sie sich diesem Ziel annähern, sie fällt, wenn Sie es aus den Augen verlieren. Sie sind ein wenig anfällig gegen Frust, können aber gut mit Veränderungen leben.

Tipp: Wenn Ihr Unternehmen kriselt und umstrukturiert wird, sind Sie in Ihrem Element. Melden Sie sich für Veränderungsprojekte, versuchen Sie zu agieren, statt zu reagieren. Damit Ihr Elan aber nicht gleich verpufft, können Sie mit Ihrem Vorgesetzten eine Zielvereinbarung treffen.

Nun zur Motivwahl:
Im Extremfall haben Sie sich 18 Mal für eine Motivquelle, z. B. das Materielle, entschieden. Bei einer – ebenso außergewöhnlichen – Ausgeglichenheit Ihrer Motivwahl entfallen je neun Punkte auf jede Motivquelle.
Ab 12 Punkte zeigen Sie schon eine Tendenz,
ab 14 Punkte eine deutliche Bevorzugung,
ab 16 Punkte eine wirklich starke Fixierung.

Zu Ihrem Ergebnis: Urteilen Sie selbst, wie Sie sich in Ihrer bevorzugten Entscheidung mit diesen drei Hauptmotivatoren (materiell, ideell, personell) positionieren und ob Sie sich auch so im beruflichen Alltag erleben. Nichts spricht gegen die deutliche Ausprägung, die Bevorzugung einer Motivquelle. Gut zu wissen, was einen antreibt, sicherlich auch wichtig für die Person, die einen »antreiben« möchte. Wenn Sie hier klar kommunizieren können, worauf es Ihnen ankommt, und Ihr Gegenüber das so akzeptiert, ist alles okay, wenn nicht, entsteht schnell Frust. Die Ursache solchen Frustes besser zu erkennen und gezielter anzugehen könnten Ihnen jetzt leichter gelingen. Zusätzlich lohnt es sich immer wieder, sein persönliches Wertesystem zu überdenken, vielleicht sogar einmal krass in Frage zu stellen. Warum bevorzugen bzw. vernachlässigen Sie die eine oder andere Motivationsquelle? Mit der starken Fixierung auf nur eine Quelle nehmen Sie sich selbst vielfältige Möglichkeiten der Belohnung für Ihre Anstrengungen und schränken sich dadurch unnötigerweise ein.

Interessante Ergebnisse wie hohe extrinsische Werte in Kombination mit hohen personellen oder auch materiellen Motiven deuten möglicherweise eine ziemlich bis sehr stark wankelmütige, leicht irritierbare Grundhaltung an.
Tipp: Trainieren Sie Ihr Durchhaltevermögen auch einmal unabhängig davon, ob jemand Ihnen applaudiert oder mit einer pekuniären oder geldwerten Belohnung winkt.

Hohe intrinsische Werte in Kombination mit hohen ideellen Motiven deuten möglicherweise eine ziemlich bis sehr stark konservative, wenig flexible, allem Neuem nicht sehr aufgeschlossene Grundhaltung an.
Tipp: Trainieren Sie mehr Gelassenheit, wenn alles um Sie herum sich verändert. Der ständige Wechsel ist das Natürlichste, denn nichts ist von allzu langer Dauer.

Wie wichtig ist Motivation?

Etwas überspitzt kann man sagen, dass Motivation für Ihre berufliche Positionierung, das berufliche Fortkommen allgemein, fast wichtiger ist als Fähigkeiten oder Persönlichkeit. Und wiederum wirkt sich beides prägend auf Ihre Motive und Ihr Leistungsvermögen aus.

Vielleicht fallen auch Ihnen intelligente Menschen ein, die absolut nicht leistungsorientiert sind. Umgekehrt gelangt manch einer an die Spitze eines Unternehmens, dem man es fachlich überhaupt nicht zugetraut hätte. Woran liegt es zum Beispiel, dass der eine bis zum Umfallen kämpft, während der andere bei der kleinsten Schwierigkeit aufgibt?

Was für den Einzelnen beruflich möglich oder nicht möglich ist, hängt zu einem großen Teil von seiner Motivation ab. Das lässt sich sehr gut daran ablesen, dass gute Schulnoten oder ein ausgezeichnetes Universitätsexamen nicht automatisch auf großen beruflichen Erfolg hinauslaufen. So findet man Hochschulabsolventen, die Botengänge für Unternehmer verrichten, die ihrerseits im Mathematikunterricht kaum acht durch zwei dividieren konnten und deshalb bei der erstbesten Gelegenheit die Schule verlassen hatten. Jedoch gelingt es nicht jedem, das Beste aus seinem Potenzial zu machen. Manchem fehlt es an Energie, Antrieb und Zielbewusstheit – also an Motivation.

Manche Menschen ertragen ihren Job überhaupt nur, weil sie hier das Geld für ihre Freizeitaktivitäten verdienen. Diese ökonomische Sicht – Arbeitsleistung gegen Geld – ist heute zum Glück nicht mehr so verbreitet wie noch in der jüngsten Vergangenheit. Wir verlangen, dass uns die Arbeit selbst Spaß macht. Natürlich wollen wir Geld verdienen, aber außerdem erwarten wir Zufriedenheit, Anerkennung und Zuneigung. Wobei es sicherlich unterschiedliche Dinge sind, die uns motivieren. Deshalb sollten wir bei der Berufs- und Arbeitsplatzwahl versuchen, unsere ganz speziellen Vorstellungen zu verwirklichen.

In der Theorie klingt das großartig. Doch die wenigsten sind vollkommen unabhängig in ihren Entscheidungen. Die einen wurden in ihrer Kindheit ständig von Erwachsenen kritisiert und kleingehalten; die anderen mussten sich mit Schulfächern herumplagen, die sie nicht interessierten, und sammelten darin eine Reihe heftiger Misserfolgserlebnisse. Vielleicht ist man jahrelang den Weg des geringsten Widerstands gegangen und hat einfach immer das getan, was von einem erwartet wurde. Hätte man sich selbst und seine Fähigkeiten besser erkannt und wäre einem klar gewesen, wie man seine Interessen durchsetzt, würde heute manches anders aussehen.

Zum Glück gibt es aber auch genügend Menschen, die frühzeitig herausfinden, was sie motiviert. Sicher reicht es als erstes aus, sich einfach nur zu fragen, auf welche Schulfächer man sich freute, welche Fernsehsendungen einen interessieren oder was man in seiner Freizeit am liebsten macht. Treiben Sie lieber Sport, oder lesen Sie gern? Treffen Sie sich häufig mit Freunden, oder sehen Sie lieber fern? Wer sich ein wenig Zeit nimmt, findet heraus, was ihn antreibt.

Was motiviert Sie?

Denken Sie dabei an Aktivitäten oder Dinge, auf die Sie sich freuen. Es gibt bestimmt etwas, wofür Sie sich mit allen Mitteln einsetzen.

Wer wirklich motiviert ist, den kann man kaum stoppen! Da helfen dann auch alle »guten Ratschläge« von außen nicht. »Brauchst du denn wirklich das neue Auto, solltest du nicht lieber etwas Geld zur Seite legen?« oder »Musst du im Urlaub wirklich zum Survivaltraining in den Himalaja? Fahr doch lieber mit Helga nach Heringsdorf, und miete dir einen Strandkorb.« Ja, man braucht das neue Auto, und Strandurlaub kann man nächstes Jahr auch noch machen.

Sie sehen, im Idealfall muss man über Motivation gar nicht großartig nachdenken. Nur wenn Sie Ihr berufliches Selbstbewusstsein verändern, gar steigern wollen, aber den Ansatzpunkt noch nicht gefunden haben, bleibt es Ihnen nicht erspart, sich Ihre Motive Schritt für Schritt zu erarbeiten.

KOMMUNIKATION

Warum die Beherrschung der Kommunikations- und Rhetorikregeln so wichtig ist

Ohne Kommunikation läuft nichts. Sich verständlich zu machen und sein Gegenüber zu verstehen, das sind wesentliche Fähigkeiten, die jeder Mensch in der Arbeitswelt braucht. Vielleicht gehören sie sogar zu den wichtigsten.

Um ein Gegenbeispiel zu bringen: Stellen Sie sich ein »Mauerblümchen« vor. Es spricht leise, unsicher, drückt sich unklar aus, spricht abgehackt, zieht in Verhandlungen immer den Kürzeren und wird puterrot, wenn es in oder vor einer Gruppe etwas sagen soll.

Warum? Weil ihm das Selbstbewusstsein fehlt, klar und deutlich seine Meinung und Wünsche zu äußern. Diese Persönlichkeiten suchen lieber hinter ihrem Schreibtisch Sicherheit, als mit Kunden oder unbekannten Mitarbeitern in Kontakt zu treten. Sie bewegen sich möglichst in vertrautem Umfeld und halten sich an ihnen gut bekannte Kollegen, statt etwas Neues zu wagen und aus der Gruppe herauszutreten. Sie sind zuverlässig, kommen aber beruflich nicht besonders gut voran. Nie erobern sie Führungspositionen.

Je besser Sie sich und Ihre Fähigkeiten präsentieren können, umso erfolgreicher werden Sie sein. Deshalb sollten Sie das Einmaleins der Gesprächsführung und Rhetorik kennen!

Wie Sie lernen, sich effektiv auszudrücken, um Ihr Ziel schneller zu erreichen

Wenn Ihre Worte Wirkung zeigen, den gewünschten Erfolg nach sich ziehen, wird dies Ihr Selbstbewusstsein deutlich steigern. Das ist »Futter« für Ihre Selbstwirksamkeit. Nun könnten Sie vielleicht einwenden: Ich brauche zunächst Selbstbewusstsein, um überhaupt sprechen zu können. Das stimmt zum Teil, aber niemand erwartet von einem »Mauerblümchen«, in einem Schritt zum begnadeten Redner zu avancieren: ein Schritt nach dem anderen! Denn Kommunikation und Selbstbewusstsein sind eng miteinander verzahnt: Jeder Fortschritt, den Sie in punkto Gesprächsführung und Rhetorik erzielen, wird Ihrem Selbstbewusstsein gut tun – und umgekehrt. Den Zugewinn werden Sie unmittelbar von Ihrem Gegenüber erfahren. Fangen Sie also gleich damit an.

Hier erfahren Sie, wie Sie Ihre kommunikativen Fähigkeiten stärken können. Dazu gehört zunächst, sich Vorgänge und Wirkungen bewusst zu machen, um sie dann schrittweise auszuprobieren. Wenn Sie unseren Handlungsanleitungen folgen, werden Sie bei Gesprächen in kleineren und größeren Gruppen Erfolg haben. Das erfordert eine gewisse Vorbereitung und vor allem Übung. Neben Ihrer eigenen Motivation sollten Sie immer die Sicht Ihrer Gesprächspartner bzw. Ihres Publikums berücksichtigen: Welchen Nutzen haben diese durch Ihren Redebeitrag, Ihre Argumentation oder Ihren Vortrag?

Wir unterteilen Kommunikation in Gesprächsführung und Rhetorik. Beide unterliegen vielen gemeinsamen Regeln, und für beide besitzt die Körpersprache eine entscheidende, häufig unterschätzte Bedeutung – sie unterstützt die Glaubwürdigkeit Ihrer Worte und trägt daher wesentlich zum Erfolg Ihres Vorhabens bei (s. S. 156 ff.).

Der Bereich Gesprächsführung befasst sich mit dem Gespräch zwischen zwei oder mehreren Personen, z. B. in Arbeitssitzungen, Verhandlungen, Diskussionen oder beim Verkauf. Was sind die Botschaften und die Argumente, die Ihre Aussage untermauern? Wie reagieren Sie auf Gegenargumente?

Die Rhetorik stellt die »höhere Kunst« dar: Dabei geht es darum, einen etwas längeren zusammenhängenden Beitrag vor einer Gruppe halten zu können. Sie kennen diese Situation wahrscheinlich aus Schule oder Studium, als Sie ein Referat halten mussten. Sie haben Ähnliches erlebt, als Sie im Vorstellungsgespräch gebeten wurden, etwas über sich, Ihren Werdegang zu erzählen. Oder Sie müssen irgendwann Ihre Ergebnisse vor Ihrem Chef und den Kollegen präsentieren. Sie werden bei der Betriebsversammlung oder Geburtstagsfeier aufgefordert, eine kurze Rede zu halten. Nicht einfach! Welches Ziel verfolgen Sie mit Ihren Worten? Wie strukturieren Sie Ihren Beitrag, auf welche Inhalte gehen Sie ein? Wie bereiten Sie sich konkret vor, und wie vermindern Sie Lampenfieber?

Wir können sicher an dieser Stelle keinen Diskussions- oder Redeprofi aus Ihnen machen. Aber wir wollen Ihnen Anregungen bieten, wie Sie sich an dieses – für Sie möglicherweise sehr kritische – Thema herantasten können. Wir wollen Ihnen Mut machen und vermitteln, dass jeder Mensch seine kommunikativen Fähigkeiten verbessern kann. Und dass es sich wirklich lohnt!

Die Grundlage: Gesprächsführung

Eigentlich kommunizieren wir ständig: Wir träumen und sprechen sogar im Schlaf, mancher schnarcht oder knirscht mit den Zähnen. In der Diskussionsrunde setzen wir unseren Vorschlag erfolgreich durch, das Handy klingelt, und die heutigen E-Mails müssen noch beantwortet werden: Unser ganzes Leben ist Kommunikation. Eigentlich also ganz einfach, weil es jeder macht und jeder kann. Und doch, die qualitativen Unterschiede sind riesengroß.

Gute, also effektive Kommunikation wird von Sprach- und Verhaltensforschern mit vier Merkmalen charakterisiert:

▶ der Fähigkeit, seine Vorstellungen, Ideen etc. gut artikulieren, d. h. ausdrücken zu können (egal ob schriftlich oder mündlich). Das setzt eine geordnete Denkweise voraus und stellt Herausforderungen an das Ausdrucksvermögen (z. B. Sprechfertigkeit);
▶ über ausreichende Sach- bzw. Fachkenntnisse, also Wissen zu verfügen;
▶ überzeugt, begeistert oder engagiert, wenigstens aber interessiert zu sein an dem Stoff, um den es geht;
▶ sich angemessen auf sein Gegenüber einstellen zu können.

Um erfolgreich zu kommunizieren, müssen Sie sich also nicht nur Gedanken machen, was Sie sagen oder schreiben wollen, sondern auch über die Art und Weise nachdenken, wie Sie Ihre Botschaft beim Empfänger am besten rüberbringen.

Die Grundlage des Erfolges oder auch des Misserfolges liegt dabei zuallererst an Ihrer Fähigkeit, zuzuhören.

Also: Nach dem Denken kommt gleich das Zuhören.

Und richtiges Zuhören ist häufig sehr schwer, wie ja jeder wohl selbst weiß. Schwer ist es vor allem dann, wenn sich der Sender (also die Person, die spricht) zu wenig Mühe macht oder es ihm nicht gelingt, dem Empfänger (also dem, der zuhört) seine Gedanken oder Anliegen wirklich etwas näher zu bringen: Seine Botschaft ist nicht sehr gut artikuliert, wenig engagiert und kompetent vorgetragen, und so fühlt sich der Zuhörer nicht richtig angesprochen.

Die Konsequenz: Der Zuhörer und Empfänger verweigert sich und schaltet evtl. einfach ab. Oder macht bzw. denkt etwas ganz anderes als das Gegenüber, der Sender, sich wünscht und beabsichtigt hat. Daraus entstehen Probleme. Nicht immer ganz große und tragische Missverständnisse, aber häufig genug »knirscht Sand im Getriebe«, kommt es zu Reibereien, die ihren Ursprung in einer missglückten Kommunikation haben.

Gut, wenn man es dann wenigstens hinterher aufklären kann. Auch das ist wieder ein Kommunikationsprozess. Und schlecht, wenn es zu tiefen Verstimmungen zwischen den Kommunikationspartnern kommt.

Wie Sie Ihre Ideen und Ziele überzeugend darstellen

Sie wollen einer Person eine Botschaft näher bringen. Sie möchten eine Entscheidung beeinflussen – sie soll so ausfallen, wie Sie es sich wünschen. Wie gehen Sie vor?

Aus der Welt der Werbung kennen wir eine besondere Vorgehensweise, die Ihr Vorhaben positiv unterstützen kann. Drei Leitfragen sind dabei zu beachten. Sie sind aufeinander abgestimmt und sollten in dieser Reihenfolge geklärt werden:

1. Was wollen Sie bei Ihrem Gegenüber bewirken? Was ist Ihr Anliegen, Ihr Ziel? Was soll sich verankern, im Kopf Ihres Gegenübers festsetzen?

   Dies ist der fast wichtigste Baustein, und obwohl er im ersten Moment so einfach erscheint, fast logisch und nicht weiter bedenkenswert, ist er bei genauer Betrachtungsweise leider der schwierigste. Darauf eine substanzielle Antwort zu finden, wird Sie wohl am längsten beschäftigen.

2. Wie formulieren Sie aus den sorgfältigen Überlegungen zu Ihrem Kommunikationsziel verständliche, schnell begreifliche, überzeugende Botschaften?

   Hier kommt es besonders auf Ihre Fähigkeit an, etwas »auf den Punkt« zu bringen und die Abfolge Ihrer Aussagen (Botschaften) zu bedenken.

3. Wie untermauern Sie diese sorgfältig ausgewählten und präzise formulierten Botschaften?

   Sie wollen ja die Glaubwürdigkeit und Überzeugungskraft Ihrer Botschaft stärken, aber auch dafür sorgen, dass sie bei den anderen in Erinnerung bleibt.

Wir stehen aber immer noch am Anfang der drei Punkte: Kommunikationsziel definieren – Botschaften formulieren – Argumente zusammenstellen. Das bedeutet, dass Sie sich zunächst einmal mit der Frage auseinandersetzen müssen, was Sie Ihrem Gesprächspartner vermitteln wollen.

Ein Beispiel aus dem beruflichen Bereich: Sie wollen etwa bewirken, einem von Ihnen vorgetragenen Wunsch soll entsprochen werden.

1. Definieren Sie Ihr Kommunikationsziel.

   Das könnte z. B. so aussehen:

   Ich möchte meinem Vorgesetzten vermitteln, dass ich feste Urlaubspläne habe, die ich nicht verändern kann und will zu Gunsten eines Kollegen, der sich nicht zu Jahresanfang ordentlich in die Urlaubsliste eingetragen hat.

2. Formulieren Sie daraus leicht verständliche, klare Botschaften.

   Meine Urlaubsplanung steht seit Jahresbeginn fest.

   Meine Familie hat sich darauf eingerichtet.

   Ich bin gerne bereit, für das nächste Jahr darüber zu verhandeln, eventuell auch außerhalb der Sommer- und Ferienzeit Urlaub zu nehmen.

3. Suchen Sie die besten, überzeugendsten Argumente.

   Ich habe mich rechtzeitig in die Urlaubsliste eingetragen und keinen Einspruch durch die Geschäftsleitung signalisiert bekommen.

   Der Urlaub ist fest gebucht. Eine Veränderung wäre mit empfindlichen Kosten verbunden.

   Ich habe schon im vergangenen Jahr einen Kompromiss gemacht.

   Und wäre sogar bereit, für das kommende Jahr darüber zu verhandeln.

Was sich jetzt hier so leicht und nahezu selbstverständlich liest, ist in der Praxis doch recht schwer umzusetzen. Gehen Sie bei nächster Gelegenheit einmal »planvoll« vor.

Fixieren Sie schriftlich ihre drei Punkte: Kommunikationsziel, Botschaften und Argumente.

Kleine Gesprächs- und Verhandlungsführung

Überlegen – Besprechen – Handeln: So könnte der ideale Dreierschritt lauten, der Ihnen bei der Gesprächsführung hilft.

Hier sind neun entscheidende Punkte, wenn es um wichtige Auseinandersetzungen geht.

1. Bereiten Sie sich auf wichtige Gespräche immer gut vor. Dazu gehören inhaltlich das zu verhandelnde Thema und Ihr Ziel, aber auch der richtige Ort und Zeitpunkt.

2. Sorgen Sie aktiv für eine gute Gesprächsatmosphäre.

3. Benennen Sie klar und deutlich das Hauptthema, und erzielen Sie mit Ihren Gesprächspartnern Einvernehmen darüber.

4. Unterteilen Sie das Hauptthema in einzelne, geeignete Unterpunkte, in sinnvolle Teilaspekte, die Ihnen auf dem Weg zum Gesamtziel behilflich sein können.

5. Benennen Sie so objektiv wie möglich die Ausgangssituation, beschreiben Sie den Ist-Zustand, die Sach- und Interessenlage.
6. Wo genau gibt es Probleme, was sind die wichtigsten Meinungsunterschiede, was sind die Ursachen dafür?
7. Diskutieren Sie Veränderungsmöglichkeiten und Lösungsansätze.

   ▶ Wie lassen sich die Schwierigkeiten beseitigen?
   ▶ Was ist das Wichtigste, und was muss zuerst getan werden, was kann noch warten?
   ▶ Was verspricht auch zukünftig eine gute, dauerhafte Lösung?
   ▶ Wägen Sie alle wichtigen Argumente ab.

8. Fassen Sie alle Gesprächsergebnisse zusammen.

   ▶ Worauf kann man sich einigen?
   ▶ Welche Probleme sind geklärt?
   ▶ Wer hat was zu tun?
   ▶ Was bleibt noch offen und muss weiter verhandelt werden?

9. Sorgen Sie aktiv für einen positiven, ermutigenden Verhandlungs- und Gesprächsabschluss.

Die wichtigsten Regeln

Worauf kommt es an, wenn man sich zusammensetzt und etwas wirklich Wichtiges und Kontroverses zu besprechen hat? – Neben der Gesprächsvorbereitung geht es darum, dass man

▶ seinem Gesprächspartner aktiv zuhört und ihn und sein Anliegen ernst nimmt,
▶ klare und konkrete Aussagen trifft bezüglich eigener Wünsche und Anliegen,
▶ das eigene Verhalten, die persönlichen Motive und Ziele verdeutlicht.

1. Aktiv zuhören, Gesprächspartner und dessen Anliegen ernst nehmen

Der häufigste Fehler in Gesprächen ist die Unfähigkeit der Beteiligten, einander wirklich richtig zuzuhören. Auch wenn es schwierig ist, es ist die Voraussetzung für einen guten, gelungenen Austausch.

Vermeiden Sie möglichst, Ihren Standpunkt als erster ausführlich darzustellen. Auch sollten Sie nicht spontan mit einer Angriffs- oder Verteidigungsrede auf alles reagieren, was die Gegenseite sagt.

Vermitteln Sie Ihrem Gesprächspartner durch Ihre Bereitschaft, geduldig zuzuhören, das Gefühl, ernst genommen und geschätzt zu werden. So schaffen Sie auch eine gute atmosphärische Grundlage für den Versuch, sich über eine Frage zu einigen und eine Lösung für ein Problem zu finden.

2. Klare und konkrete Aussagen zum eigenen Anliegen machen
Das Ziel eines Gespräches ist es, zu verstehen und verstanden zu werden. Unklare Aussagen erschweren oder verhindern gegenseitiges Verständnis. Das führt zu Konflikten und zur Eskalation der Meinungsverschiedenheiten.

Formulieren Sie Ihr Anliegen deutlich und unmissverständlich, dabei aber auch freundlich und höflich. Fragen Sie häufiger nach, ob Sie richtig verstanden haben und von Ihrem Gegenüber richtig verstanden worden sind.

Mit der Frage: »Habe ich Sie richtig verstanden, Sie wollen, dass …?«, können Sie dazu beitragen, dass sich Ihr Gegenüber noch einmal erklärt und der Verhandlungsgegenstand dadurch vielleicht präziser benannt wird.

Je klarer und konkreter Sie miteinander über ein bestimmtes Problem sprechen, desto wahrscheinlicher ist es, dass Sie miteinander zu einem konstruktiven Ergebnis gelangen.

3. Motive und Ziele des eigenen Verhaltens verdeutlichen
Sie müssen die klare Präsentation Ihres Anliegens dadurch ergänzen, dass Sie verdeutlichen, welche Beweg- und Hintergründe für Sie eine wichtige Rolle spielen.

Übrigens: Es kommt darauf an, dass Sie andere gewinnen, nicht besiegen. – Und dabei macht Übung den Meister!

Das kleine Einmaleins der Rhetorik

Wie das freie Reden Ihr Selbstbewusstsein stärkt
Zunächst zur Begriffsdefinition: Mit Rede meinen wir einen (Kurz-)Vortrag weitgehend ohne Zuhilfenahme von Medien, mit Präsentation die Informationsübermittlung mit Medienunterstützung. Viele der Grundsätze, die wir hier erläutern, gelten für beide Arten, bei Unterschieden weisen wir gesondert darauf hin. Das freie Sprechen bezieht sich darauf, die Worte frei zu formulieren, wobei durchaus ein Stichwortmanuskript benutzt werden kann. Im Gegensatz dazu steht das Ablesen eines ausformulierten Textes.

Problem: Angst, vor Gruppen zu sprechen

Die meisten Menschen spüren unangemessene Aufregung bis panische Ängste, wenn sie vor mehreren Personen, einem Publikum sprechen sollen. Warum ist das so? Warum bekommen wir Herzklopfen und einen trockenen Mund, kurz: Lampenfieber? Warum versagt zuweilen unser Erinnerungsvermögen, und wir haben ein Black-out?

Wahrscheinlich hat diese Angst ihre Wurzeln in der Entwicklungsgeschichte der Menschheit: Wenn ein Einzelner aus einer Gruppe heraustrat, war er meist gezwungen zu kämpfen, zu fliehen oder unbeweglich zu verharren, um nicht von Feinden entdeckt zu werden. Sein Adrenalinspiegel stieg an, um eine optimale körperliche Reaktion zu ermöglichen. Die Tätigkeit seines Verstandes wurde dabei auf einen Punkt reduziert: die schnelle Entscheidung.

Nun gibt es Menschen, die die Gabe haben, auch in einer Stresssituation klare Gedanken zu fassen. Sie werden nicht von ihrer Angst überwältigt. Die meisten müssen dies jedoch erst mühsam erlernen. Einen Schritt nach dem anderen ...

Taktik: genau das tun, was einem schwer fällt

Wie unterstützen Psychologen Menschen dabei, Ängste zu überwinden? Indem sie sie mit dieser Situation konfrontieren und ihnen helfen, die Angst zu besiegen. In kleinen wohldosierten Schritten oder Portionen, gerade so viel, dass die Angst zu versagen noch aushaltbar ist. Diese Taktik könnte zum Beispiel bedeuten: Bergsteigen bei Höhenangst, Tanzkurs bei mangelndem Koordinationsvermögen, Single-Party bei Kontaktproblemen zum anderen Geschlecht, Praktikum bei Horror vor Einarbeitungsphase ... oder eben auch eine vielleicht zunächst einmal kleine Präsentation halten, wenn man einen Mordsbammel davor hat!

Der erfolgreiche Kommunikationstrainer Dale Carnegie schrieb in seinem Buch *Rede. Die Macht des gesprochenen Wortes* zu diesem Thema: »Als ich meine Kurse begann, hatte ich kaum eine Ahnung davon, dass sich dieses Training als eine der besten Methoden erweisen würde, um Menschen von Angst und Minderwertigkeitsgefühlen zu befreien. Ich habe erkannt, dass freies Sprechen das naturgegebene Verfahren zur Überwindung von Unsicherheit und zur Entwicklung von Zuversicht und Mut ist. Warum? Weil freies Sprechen uns fähig macht, die Angst zu besiegen.«[49]

Betrachten Sie jeden Auftritt vor einem interessierten Publikum als willkommene Herausforderung. Bittet man Sie, Ihr neues Projekt zu präsentieren, ist das ein Vertrauensbeweis und Kompliment für Ihre Fähigkeiten. Präsentationen geben Ihnen Gelegenheit, sich selbst, Ihr Wissen und Ihre rhetorischen Fähigkeiten ins rechte Licht zu rücken. Nutzen Sie diese Chance!

Herantasten: vom einfachen, kurzen Wortbeitrag bis zur freien Rede

Fangen Sie bescheiden an, und steigern Sie sich. Ein Programm zur schrittweisen Annäherung an freies Reden könnte für Sie so aussehen:

1. auf Fragen von Freunden oder Bekannten nicht einsilbig, sondern bewusst ausführlicher antworten
2. sich an Gesprächen des Bekanntenkreises aktiv mit Meinungen, Erfahrungen, Einschätzungen und ähnlichen Beiträgen beteiligen
3. auf Partys auch mal Fremde ansprechen, Small Talk halten, einen Witz erzählen
4. sich an Diskussionen in der Uni, Schule, Arbeitsgruppe aktiv beteiligen
5. im Bekanntenkreis zu bestimmten Anlässen eine kurze Ansprache halten, eine Anekdote erzählen oder ein Gedicht vortragen
6. in der Uni, Schule oder am Arbeitsplatz ein kleines Referat oder einen Kurzvortrag halten
7. im beruflichen Zusammenhang eine Präsentation zu einem Fachthema halten
8. in vertrauter Umgebung eine kurze vorbereitete Reden halten
9. in vertrauter Umgebung eine freie Reden halten
10. in fremder Umgebung ein freie, spontane Rede halten

Anwendung: vielseitige Gelegenheiten

Nun werden Sie vielleicht einwenden, dass Sie nicht mehr zur Schule oder Uni gehen und auch im Berufsleben kaum Gelegenheit haben, freies Reden zu üben. Das gilt zwar vielleicht für längere, freie Redebeiträge – Sie sollten sich jedoch immer wieder darin üben, Gespräche effektiv zu führen und möglichst zum eigenen Vorteil zu lenken.

Im stillen Kämmerlein können Sie höchstens eine Rede üben, aber das erspart Ihnen nicht den Auftritt in der Öffentlichkeit. Wenn Sie Ihr Selbstbewusstsein wirklich positiv beeinflussen wollen und bereit sind, sich »in die Höhle des Löwen« zu begeben, finden Sie auch außerhalb der typischen Gruppensituationen (Familie, Bekannte, Arbeitskollegen) diverse Gelegenheiten:

▶ Engagieren Sie sich in einem Verein, möglichst in verantwortlicher Position (Vorstand, Schatzmeister, Sprecher …).
▶ Werden Sie Elternvertreter in der Schule Ihrer Kinder.

▶ Arbeiten Sie in der Nachbarschaftshilfe oder einer Bürgerinitiative mit – wenn Sie das Ziel wirklich persönlich betrifft, werden Sie es auch gegenüber dem Bürgermeister oder anderen offiziellen Stellen vertreten können!

▶ Wenn Sie sich für die Mitarbeit in einer politischen Partei oder einer anderen Organisation (Gewerkschaft, Kirche, Umweltschutz etc.) entschließen können, ist dies eine wirklich gute Gelegenheit, Reden zu üben.

▶ Und natürlich lohnt es sich, einem Rhetorik- oder Diskussionsklub beizutreten, um quasi im geschützten Raum Redefähigkeiten zu üben und zu verbessern.

Es gibt also keine Ausrede, wenn Sie Ihr Ziel erreichen wollen – jetzt heißt es: immer wieder probieren, üben, Erfahrungen auswerten und bloß nicht aufgeben!

Was Ihre Rede oder Präsentation zum Erfolg werden lässt

Die hier folgenden Empfehlungen sollen Sie dazu anregen, Ihren eigenen Redestil zu entwickeln und ständig weiter zu verbessern. Im nächsten Abschnitt schlagen wir Ihnen vor, wie Sie die Tipps in Ihrer Vorbereitung praktisch umsetzten können. Bei allen gut gemeinten Ratschlägen denken Sie daran: Bleiben Sie gelassen!

Zielorientierung, Fokussierung der Inhalte

Bevor Sie eine Rede entwerfen, sollten Sie wissen, wen und was Sie damit erreichen wollen. Das Ziel muss so klar fassbar sein, dass Sie es möglichst in einem Satz formulieren können. Wenn Sie das nicht schaffen, wird es auch Ihrem Publikum schwer fallen, den roten Faden zu finden und ihm zu folgen.

Dabei sollten Ihre sachlichen und persönlichen Ziele in etwa die gleiche Motivation bei Ihnen auslösen. Mit sachlichen Zielen ist gemeint, dass Sie etwas Praktisches erreichen wollen, z. B. Ihr Publikum informieren, Verständnis wecken, überzeugen oder schlichtweg unterhalten. Ihre persönlichen Ziele könnten darin bestehen, kompetent und glaubwürdig zu erscheinen sowie Anerkennung und Sympathie zu ernten. Es gibt natürlich Überschneidungen zwischen diesen Zielarten.

Wenn Sie das Ziel Ihrer Rede betonen wollen, müssen sie die Inhalte reduzieren. Ansonsten wird der Zuhörer durch die Fülle von Fakten »erschlagen«. Besonders bei der »informierenden« Rede begrenzen Sie daher Ihre inhaltlichen Punkte. Im Abschnitt »Vorbereitung« werden wir genauer darauf eingehen.

Zielgruppenanalyse und persönliche Ansprache des Publikums
Genauso wichtig wie Ihre Ziele sind die des Publikums. Was nützt Ihnen Ihr
Sendebewusstsein, wenn Ihre Zuhörer etwas völlig anderes hören wollen? Erkundigen Sie sich vor Planung Ihrer Rede oder Präsentation, was Ihr Publikum charakterisiert:

▸ Anzahl der Personen, Alter, Geschlecht
▸ Informationsstand über das Thema
▸ Zugehörigkeit zu Gruppen (z. B. Kollegen oder Vorgesetzte, Gewerkschaft oder Arbeitgeber, politische Lager)
▸ aktuelle Probleme und Interessen (z. B. drohende Entlassungswelle)
▸ eigene Initiative oder Verpflichtung zur Teilnahme

Auch wenn es Ihnen schwer fällt: Denken Sie in erster Linie daran, was wahrscheinlich bei Ihren Zuhörern am meisten ankommen wird. Welchen Nutzen verspricht sich Ihr Publikum, bei welchen Aussagen fühlt es sich persönlich angesprochen? Das heißt nicht, dass Sie Ihr Ziel aus den Augen verlieren. Versuchen Sie eine größtmögliche Überschneidung Ihres Anliegens mit den Interessen des Publikums zu erreichen.

Um das Publikum für sich zu gewinnen, greifen Sie auf ein bewährtes rhetorisches Stilmittel zurück: die persönliche Ansprache. Sagen Sie öfters mal »Meine verehrten Damen und Herren«, »liebe Kollegen«, oder sprechen Sie Personen namentlich an, die Sie persönlich kennen (jedoch nicht zu oft, damit die anderen sich nicht ausgeschlossen fühlen). Verwenden Sie das persönliche »Ihr« oder »Sie« statt des unpersönlichen »Man«.

Auch wenn Sie es sich schwer vorstellen können: Es ist möglich, die Zuhörer in Ihren Vortrag aktiv einzubeziehen – so wie ein Lehrer den Schülern Fragen stellt, um sie zum Mitdenken zu veranlassen. Sie haben die Möglichkeit, rhetorische Fragen zu stellen (die keine Antwort erfordern) oder eine Miniumfrage durchzuführen (bei kleineren Gruppen). Oder fordern Sie Ihr Publikum auf: »Stellen Sie sich einmal Folgendes vor: Sie haben ... Plötzlich ... Sicher wären Sie dann ...« Wichtig dabei ist auch der Blickkontakt mit einzelnen Personen, die sich so persönlich angesprochen fühlen (dazu mehr im Abschnitt »Körpersprache« S. 156 ff.).

Einfache Sprache, kurze Sätze
Viele Präsentationen über fachliche Themen bleiben wirkungslos, weil die Vortragenden so reden, wie sie schreiben: Sie verwenden lange, verschachtel-

te Sätze, Passivkonstruktionen, Fremdworte und zusätzlich jede Menge Fachausdrücke. Machen Sie es anders!

Ihr Publikum kann Ihren Ausführungen viel besser folgen, wenn Sie in kurzen (möglichst nicht mehr als fünf Worte und vor allem Haupt-) Sätzen sprechen. Damit vermeiden Sie gleichzeitig, das Verb an das Ende eines Satzes zu stellen, wie oft im Deutschen üblich (z. B. »Ich weise Sie darauf hin, dass ... kommt«). Indem Sie sich zu kurzen Sätzen zwingen, können Sie auch am Ende eines Satzes oder Gedankens die Stimme senken und eine kurze Pause einlegen. Es reizt viele Redner, mehrere Hauptsätze mit »und«, »aber«, »oder« zu verbinden. Beweisen Sie Mut zum Abschluss eines Gedankens! Kurzer Satz und Schluss!

Passivkonstruktionen finden Sie häufig in der Fachliteratur: »Anschließend wurde ... analysiert und ...« Sagen Sie in Ihrer Rede oder Präsentation lieber: »Anschließend habe ich ... analysiert.« Sehr beliebt im Schriftdeutsch sind auch Substantivierungen: »Bei Beachtung von ...« Viel besser klingt: »Wenn Sie beachten ...«

Vermeiden Sie Worthülsen, wie ... »Ich gehe davon aus ...« oder »Unter Umständen ist gegebenenfalls auch damit zu rechnen, dass ...«. Verzichten Sie auf einschränkende Beiwörter wie »vielleicht«, »im Prinzip«, »eigentlich« oder »eventuell« – das könnte darauf hindeuten, dass Sie sich nicht sicher sind.

Passen Sie Ihre Sprache dem Niveau Ihrer Zuhörer an: Testen Sie Fachausdrücke auf Ihre Allgemeinverständlichkeit mit Hilfe von Unbeteiligten. Wenn Sie diese trotzdem verwenden, erklären Sie sie kurz, damit Ihr Publikum Ihnen folgen kann. Viele von uns neigen dazu, (fremdsprachliche) Fachausdrücke zu verwenden, weil wir das so in Schule und Universität gelernt haben. Dort galt es als Zeichen wissenschaftlichen Anspruchs. Auf diese Weise wollen Sie sicher nicht beeindrucken, sondern es geht Ihnen doch darum, Ihre Botschaft zu vermitteln, eine Entscheidung herbeizuführen oder Ihr Publikum zu einer Aktion zu bewegen: Dazu muss es Sie verstehen!

Stimme, Sprechweise

Eigentlich liegt es nahe zu denken, dass der Inhalt einer Rede über deren Erfolg entscheidet: Weit gefehlt! Die Worte tragen nur zu etwa zehn Prozent bei, während die Stimme knapp 40 Prozent und die Körpersprache über 50 Prozent ausmachen. Dass bedeutet, Sie können beinahe allein nur durch die Kraft Ihrer Stimme überzeugen!

Eine leise, wenig betonte Vortragsweise wird Ihnen als Unsicherheit ausgelegt: Sie stehen nicht hinter dem, was Sie gerade sagen. Auch für die positive Atmosphäre, die Unterhaltung Ihres Publikums ist die Stimmvarianz von größter Bedeutung. Legen Sie Energie und Begeisterung in Ihre Stimme. So werden Sie eher die ungeteilte Aufmerksamkeit auf sich ziehen! Ihr Ziel sollte es sein, in einer Präsentation genauso lebendig zu sprechen, als ob Sie ein persönliches Erlebnis im Freundeskreis schildern würden.

»Ähs« … hören wir oft in jeder Art von Gesprächen, Reden und Präsentationen. Besonders schlimm sind diese, wenn sie genauso laut gesprochen werden wie jedes andere Wort. Wieso ist es so schwer, sich diese »Ähs« abzugewöhnen?

Mit einem »Äh« füllen wir Pausen, die wir zum Nachdenken brauchen. Besonders wenn wir uns gewählt ausdrücken wollen. Menschen mit sehr einfacher Ausdrucksweise brauchen keine oder kaum »Ähs«, weil sie so sprechen, wie ihnen »der Schnabel gewachsen ist«. Das soll zwar nicht Ihr Vorbild sein, aber verdeutlichen, dass es auch anders geht.

Versuchen Sie, das »Äh« durch Atmen oder durch eine bewusste Pause zu überbrücken. Üben Sie es bei allem, was Sie sagen, den ganzen langen Tag über. Lassen Sie bei Ihrem Vortrag durch eine Person Ihres Vertrauens Ihre »Ähs« zählen, und belohnen Sie sich, wenn Sie bei nächster Gelegenheit seltener den überflüssigen Lückenfüller verwenden. Ihre Zuhörer werden es Ihnen danken!

Optimistische Grundhaltung, Humor

Mit einem positiven Einstieg, einem Kompliment oder etwas Humor haben Sie möglicherweise Ihr Publikum schnell auf Ihrer Seite, z. B.: »Ich freue mich …«. Sprechen Sie offen und direkt an, was Ihr Ziel ist und wie Ihre Zuhörer von Ihrem Vortrag profitieren können. Besonders geschickt ist es, rhetorische Fragen zu stellen, die bei den Zuhörern Zustimmung bewirken – Sie kennen das vielleicht von der Verkaufsstrategie: »Legen Sie Wert auf eine angenehm temperierte Wohnung?« – Wer wird diese Frage verneinen?

Lachen ist gesund. Humor trägt wesentlich zum Erfolg einer Rede bei, denn wenn Ihre Zuhörer lachen, haben Sie aufmerksam zugehört, reagieren positiv und fühlen sich wohl. Nicht jeder Redner kann witzig sein, und es wäre kein guter Rat, ein Lachen erzwingen zu wollen. Hier gilt (noch mehr als bei anderen Aspekten der Rhetorik): Seien Sie authentisch! Nur wenn Ihnen der Humor »aus dem Herzen kommt« und Ihren persönlichen Stil unterstreicht, wird er die erhoffte positive Wirkung haben.

Persönliche Erlebnisse, direkte Rede, bildhafte Sprache
Eine ähnliche Wirkung wie durch Humor erreichen Sie, wenn Sie persönliche Erlebnisse in Ihren Vortrag einflechten. Auch oder gerade, wenn Sie über ein fachliches Thema sprechen, sollten Sie über persönliche Einstellungen, Erfahrungen oder vielleicht sogar Ängste berichten. So laden Sie die noch uninformierten, abwartenden Zuhörer dazu ein, sich mit Ihnen zu solidarisieren. Durch persönliche Anekdoten gewinnen Sie Aufmerksamkeit und verringern die Distanz. Dann können Sie schrittweise den Informationsstand verbessern, bis Sie das Ziel Ihrer Rede erreicht haben. Keine Angst: Persönliches mitzuteilen heißt nicht, die eigene Würde zu verlieren (außer wenn Sie es übertreiben).

Sie können Ihren Vortrag lebendiger gestalten, indem Sie gelegentlich direkte Rede einstreuen: »Letztens erlebte ich Erstaunliches: Als ich ...« wirkt authentischer als »Letztens passierte es mir, dass ...«.

Ganz wichtig: Würzen Sie Ihren Vortrag mit Sprachbildern! Verwenden Sie Vergleiche, Redewendungen und Sprichwörter, von denen es in unserer Sprache so viele gibt. Beispiele: »So schlagen Sie zwei Fliegen mit einer Klappe«, »Diese Zahlen lösen das kalte Grausen aus« oder »Es ist noch kein Meister vom Himmel gefallen«.

Gezielte Wiederholungen und Anknüpfungen
Noch ein Unterschied zum Schriftdeutsch: Setzen Sie die Wiederholung bewusst dazu ein, das Wesentliche Ihrer Rede zu betonen! Sie können Ihr Publikum ruhig mehrmals auffordern, etwas Bestimmtes zu tun, am Anfang, im Hauptteil und am Schluss – dann bleibt es besonders gut im Gedächtnis! Auch innerhalb Ihrer inhaltlichen Punkte eignen sich Wiederholungen als sprachliches Stilmittel, am effektivsten in drei Varianten, z. B. »Wir wissen also jetzt, dass ...«, »Wir sind somit jetzt in der Lage, ...«, »Wir müssen jetzt nur noch ...«. Die Anwendung der Trias eignet sich auch für Aufzählungen oder Aufforderungen.

Sie spinnen den Beziehungsfaden zum Publikum enger, indem Sie an das anknüpfen, was Ihre Zuhörer bewegt: die Aussage des Vorredners, eine Ihrer kontroversen Behauptungen zu Beginn Ihres Vortrages oder Ihrer Präsentation, die vor kurzem beschlossene Betriebsvereinbarung des Unternehmens ... Sorgen Sie so dafür, dass sich die Leute an Ihre Rede erinnern, denn wir lernen besonders effektiv, wenn wir an Bekanntes anknüpfen können.

Einsatz von Visualisierungsmedien

Visualisierung dient vor allem dazu, abstrakte Fachthemen zu veranschaulichen. Ohne Medien sind Fachvorträge kaum noch vorstellbar. Da der Umgang mit ihnen ein eigenes, umfangreiches Kapitel erfordern würde, gehen wir hier auf diese Visualisierungsmedien – z. B. Pinnwand, Flipchart, OH-Folien, Power-Point-Präsentationen – nicht näher ein. Zu ihrem Einsatz folgende Anmerkung: So viel wie nötig, so wenig wie möglich.

Vergessen Sie nie, dass Ihre persönliche Präsentation, d. h. Ihre Sprache, Ihre Stimme, Ihr körpersprachlicher Ausdruck und Ihre eigene Begeisterung über den Erfolg Ihres Vortrages entscheiden, nicht die Raffinesse der von Ihnen eingesetzten Medien!

Ihren Vortrag können Sie bildhaft unterstützen, indem Sie Gegenstände verwenden, die Ihr Anliegen illustrieren. Diese »Urform« des medialen Einsatzes ist leider etwas in Vergessenheit geraten.

Wenn Sie ein reales Objekt, z. B. ein Maschinenteil, hochhalten, wird Ihr Publikum garantiert hinschauen. Erklären Sie die Bedeutung des Gegenstandes für Ihr Thema (ohne den Blickkontakt mit Ihren Zuhörern zu verlieren). Reichen Sie es jedoch nicht herum, denn das lenkt nur von Ihrem Vortrag ab! Wählen Sie interessante Objekte, zu denen Ihr Publikum eine Beziehung hat: Werkstücke für Handwerker, Instrumente für Musiker, Spielzeuge für Erzieherinnen …

In einem sehr großen Raum bleibt Ihnen als Redner wahrscheinlich nur der Platz am Pult. Bei vielen anderen Gelegenheiten können Sie Ihre Rede aber lebendiger gestalten, indem Sie Ihren Standort wechseln: hinter dem Pult, daneben, davor, am Flipchart, an der Pinnwand, bisweilen mitten zwischen den Zuhörern … Selbstverständlich sollen Sie nicht ständig herumlaufen, es kann auch zu unruhig wirken. Auch pendelnde Bewegungen, z. B. von einem Bein auf das andere, ermüden schnell das Auge des Betrachters und lassen Sie zudem eher inkompetent wirken. Orientieren Sie Ihre Bewegungen an Ihrem natürlichen Bewegungsbedürfnis, dann wirken Sie glaubwürdig.

So bereiten Sie sich effektiv vor

Kein Wunder, wenn Sie jetzt die Hände über dem Kopf zusammenschlagen und sagen: Wie soll ich an so vieles gleichzeitig denken? Natürlich geht das nicht »von jetzt auf sofort«. Wählen Sie zunächst aus, auf welche Aspekte Sie sich besonders konzentrieren wollen. Wenn Sie öfters Diskussionsbeiträge liefern oder Präsentationen halten, wird Ihre Routine und damit Ihre Selbstsicherheit kontinuierlich steigen.

Wahl des Themas, Schwerpunkte

Der Erfolg Ihrer Rede oder Präsentation hängt im Wesentlichen auch davon ab, ob und in welchem Maße Sie »hinter« Ihren Aussagen stehen, sich mit dem Gesagten identifizieren können. Wenn Sie also die Möglichkeit haben, Ihr Thema frei zu wählen, achten Sie darauf, dass Sie

▶ mit dem Inhalt weitgehend vertraut sind,
▶ sich mit der Zielrichtung persönlich identifizieren,
▶ Begeisterung dabei entfalten können, vor einem Publikum darüber zu sprechen.

Bei vielen Gelegenheiten werden Sie Ihr Thema nicht frei auswählen können: Es ist konkret oder innerhalb eines gewissen Rahmens vorgegeben. Nutzen Sie Ihren Spielraum! Finden Sie Anknüpfungspunkte zu Ihrem Kenntnisstand und Ihrer Erfahrung mit verwandten Themen oder zu den Charakteristika Ihrer Zielgruppe. Nehmen wir an, Sie sind im Herzen Umweltschützer und müssen ein neues Cabrio-Automodell anpreisen: Sprechen Sie über den Genuss der frischen Luft und die freie Aussicht auf die Landschaft, den Verzicht auf eine Klimaanlage, das bewusste Erleben des Fahrens ... – kurz gesagt: über ein Auto für naturbewusste Genießer! Das wird Ihnen eher geglaubt, als wenn Sie den sportlichen Fahrer »markieren«.

Aufbau und Inhalt

Das Grundgerüst von Reden oder Präsentationen hat sich seit der Antike kaum verändert: Mit dem Einstieg führen Sie in das Thema ein und gewinnen die Aufmerksamkeit. Der Hauptteil gilt Ihrem inhaltlichen Schwerpunkt, und den Schluss gestalten Sie so, dass Ihre Aussage im Gedächtnis haften bleibt.

Einstieg

Aller Anfang ist schwer, im Anfang liegt aber auch immer ein gewisser Zauber, und auch jede große Reise beginnt mit dem ersten Schritt. Was müssen Ihre Zuhörer unbedingt wissen? Womit fesseln Sie die Aufmerksamkeit und Blicke? Mit welchen (Schlüssel- oder Zauber-) Worten öffnen Sie die Herzen und Ohren Ihres Publikums?

Wir unterscheiden hier zwischen Reden und Präsentationen: Bei Präsentationen steht die Informationsvermittlung im Vordergrund, bei Reden eher die Unterhaltung oder Überzeugung. Das könnte bedeuten, dass Sie Präsentationen sachlicher einleiten, Reden eher mit einer Überraschung. In der Praxis ist jedoch der Unterschied nicht wirklich sehr groß: In jedem Fall soll Ihr Publikum erfahren, worüber Sie sprechen, es soll sich persönlich angesprochen fühlen und in gewissem Maß auch unterhalten werden – selbst bei einem noch so trockenen Thema!

Bei einer fachlichen Präsentation beginnen Sie gewöhnlich mit der Anrede »Sehr geehrte Damen und Herren«. Falls Ihr Vortrag von einem anderen Redner eingeführt wird, brauchen Sie nichts zu Ihrer Person und Qualifikation zu sagen, ansonsten wäre dies der richtige Zeitpunkt. Danach sollten Sie auf Ihr Thema eingehen. Am Ende Ihrer Einführung muss allen Anwesenden klar sein, was Sie erreichen wollen und, besonders wichtig, wie Ihr Vortrag aufgebaut ist. Bevor Sie zum Hauptteil übergehen, sprechen Sie an, wie Sie mit Fragen des Publikums umgehen wollen.

In einer unterhaltenden oder überzeugenden Rede können Sie die Anrede auch etwas später nachholen. Überraschen Sie lieber gleich mit einem Beispiel oder einer Anekdote, stellen Sie dem Publikum eine rhetorische Frage, oder provozieren Sie es mit einer kontroversen Aussage. Auch ein Zitat kann die Aufmerksamkeit fesseln, wenn es wirklich passt und der Autor allgemein bekannt ist. Falls Sie bei Ihrer Präsentation Medien einsetzen wollen, kann dies die erste Gelegenheit sein. Spannen Sie Ihr Publikum jedoch nicht zu lange auf die Folter, bevor Sie klar und deutlich sagen, was Ihr Ziel ist.

Verknüpfen Sie Ihr Thema mit dem persönlichen Interesse Ihrer Zuhörer. Wenn Sie z. B. die Zustimmung für eine betriebliche Umstrukturierung gewinnen wollen, fragen Sie: »Kaufen Sie weiterhin im gleichen Geschäft, auch wenn dort die Preise gestiegen sind, der Service aber keinen Deut besser wurde? Wohnen Sie weiterhin in Ihrer 2-Zimmer- Wohnung, wenn Sie Eltern eines Zwillingspärchens geworden sind? Oder: Führen Sie Ihre Ehe fort, als wäre nichts geschehen, obwohl Ihr Mann Sie laufend betrügt? Wahrscheinlich nicht – Veränderungen verlangen Anpassungen.«

Womit Sie garantiert nicht beginnen sollten: mit einer Entschuldigung über Ihre unzureichende Vorbereitung oder Ähnlichem, mit einem unpassenden oder schlecht vorgetragenen Witz oder mit einer längeren Geschichte, die Ihre Zuhörer grübeln lässt, worum es eigentlich gehen soll.

Hauptteil

Hier konzentrieren Sie sich auf wenige Hauptpunkte: Mehr als drei oder vier kann Ihr Publikum nicht aufnehmen, selbst bei längeren Vorträgen. Betonen Sie die Punkte jeweils verbal, und weisen Sie zum Beispiel am Flipchart darauf hin. Machen Sie vor dem nächsten Punkt eine deutliche Pause. Sie können Ihre

Schwerpunkte besonders hervorheben, indem Sie diese durchnummerieren. Ordnen Sie Ihre Punkte so an, dass Sie mit einem relativ wichtigen beginnen, einen weniger bedeutenden als zweiten und den stärksten am Schluss einsetzen.

Belegen Sie Ihre Inhalte mit anschaulichen Beispielen oder Vergleichen, damit sich die Zuhörer besser vorstellen können, was Sie meinen. Formulieren Sie zu jedem Hauptpunkt eine Aussage, und untermauern Sie diese mit Informationen und Argumenten. Bereiten Sie sich auf mögliche Gegenargumente vor: Formulieren und entkräften Sie diese argumentativ.

Visualisieren Sie Ihre Inhalte mit Gegenständen oder Medien, dann bleiben sie besser im Gedächtnis haften. Bei längeren Präsentationen unterstützen Sie Ihre Zuhörer, indem Sie die Hauptpunkte jeweils kurz zusammenfassen, außer den letzten, den Sie in die Schlusszusammenfassung integrieren sollten.

Von großer Bedeutung sind auch die Übergänge zwischen den Unterpunkten. Sie sollten die Inhalte so verknüpfen, dass die Zuhörer diese als logische Schritte empfinden. Wenn Sie Ihre Unterpunkte als Episoden einer Geschichte schildern, bleibt Ihre Aussage besser im Gedächtnis. Den Übergang stellen Sie her, indem Sie einen Aspekt des letzten Unterpunktes mit einem des nächsten Unterpunktes in Beziehung bringen.

Schluss

Im Schlussteil fassen Sie die Hauptthesen nochmals zusammen – Ihre Zuhörer haben bis dahin sicher schon einen Großteil wieder vergessen. Ziehen Sie Schlussfolgerungen aus Ihren Thesen. Der Abschluss sollte jedoch keine neuen inhaltlichen Aspekte enthalten. Es schadet nicht, dezent darauf hinzuweisen, dass Sie am Ende Ihres Vortrages angelangt sind.

Sie verstärken die Wirkung Ihrer Rede, wenn Sie zum Schluss noch einmal an den Einstieg Ihrer Rede anknüpfen: z. B. an eine Theorie, Behauptung oder Frage – damit spannen Sie quasi einen Bogen. Das könnte gleichzeitig der Höhepunkt Ihrer Rede sein: Die Antwort auf Fragen, die Sie selbst gestellt haben, die Auflösung eines Rätsels, eine perfekt passende Anekdote oder eine bahnbrechende Erkenntnis. Ihre Zuhörer sollten nochmals aufgerüttelt werden und sich für Ihren nun folgenden Appell öffnen, quasi bereit sein.

Beenden Sie Ihren Vortrag positiv, damit Ihre Zuhörer Sie in angenehmer Erinnerung behalten. Machen Sie Ihrem Publikum Mut, fordern Sie es zu einer Handlung auf! Enden Sie mit einem Satz, der einen deutlichen Abschluss markiert, und unterstützen Sie dies durch Ihre Stimme und Körperhaltung.

Abzuraten ist von dem häufig verwendeten »Danke (für Ihre Aufmerksamkeit)« – damit implizieren Sie, dass es eine Zumutung für Ihre Zuhörer war, Ihrem Vortrag so lange zu lauschen! Sagen Sie lieber, dass Sie sich auf eine gute, weitere Zusammenarbeit freuen etc. Wenn Sie einen Dank aussprechen wollen, dann warten Sie damit bis zum Abschluss einer fruchtbaren Diskussion.

Anschlussdiskussion

Gerade nach der Präsentation eines fachlichen Themas schließt sich oft noch eine Diskussion an. Bereiten Sie sich gut darauf vor! Halten Sie Stift und Papier bereit (falls Sie selber moderieren müssen), um Namen und Fragen zu notieren. Überlegen Sie schon vorher, welche kritischen, bohrenden Fragen Ihnen gestellt werden könnten. Tipps zum Argumentieren haben Sie bereits im Abschnitt »Gesprächsführung« erhalten. Lassen Sie sich nicht auf Killerphrasen oder unangemessene Fragen ein!

Besonders bei sehr inhaltsreichen Präsentationen sollten Sie ein Hand-out verteilen, das die wichtigsten Fakten und Grafiken enthält. Der richtige Zeitpunkt dafür ist nach Beendigung Ihres Vortrages und vor Beginn der Diskussion. Kommentieren Sie das Informationsmaterial mit einigen Worten, und laden Sie die Anwesenden zu Fragen ein.

Stichwortmanuskript oder Volltext?

Wie beginnen und entwickeln Sie Ihre Rede? Welche Unterlagen verwenden Sie als Gedächtnisunterstützung während des Vortrages? Angefangen von der Idee, worum es gehen soll und was Ihr Ziel ist, bis zum Schlussapplaus ist es ein weiter Weg.

Nutzen Sie Ihren Verstand und Ihr Herz – lassen Sie sich also ruhig auch von Ihrer Lust leiten. Ansonsten wirkt Ihr Vortrag vielleicht logisch, aber unpersönlich. Wir haben Ihnen das Grundgerüst jeder Rede oder Präsentation vor Augen geführt. Lassen Sie sich auch von ungewöhnlichen Orten und Zeiten inspirieren, und schreiben Sie Ihre Ideen sofort auf.

Sammeln Sie Inhalte grundsätzlich nur als Stichworte, die Sie in eine Mindmap eintragen, auf einzelnen Blättern oder am PC notieren wie bei einem Brainstorming. Gliedern Sie Ihre Redebestandteile erst danach – so nutzen Sie Ihr kreatives Potenzial am besten aus. Auch wenn Sie zur Anfertigung der Präsentation umfangreiche Recherchen durchführen müssen, empfehlen wir Ihnen, zuerst Ihr schon vorhandenes Wissen und dann Ihre Fragen aufzuschreiben. Erst danach werten Sie Ihre Quellen aus und integrieren diese in Ihren Vortrag. Damit stellen Sie Ihren persönlichen Bezug in den Vordergrund, der Ihre Zuhörer mehr anspricht als nüchterne Fakten.

Nur den Anfang Ihrer Rede schreiben Sie lieber wörtlich auf, denn die nervliche Anspannung ist bei den ersten Worten am größten. Selbstverständlich können Sie Zitate im Volltext notieren, eventuell auch Sätze aus dem Schlussteil. Ihre übrigen stichwortartigen Notizen bringen Sie gut lesbar (nicht zu klein – nicht zu viel schreiben) auf kleinen Karteikarten oder DIN-A-5-Blättern unter. Diese nummerieren Sie vorsichtshalber, nur für den Fall der Fälle … Karteikarten lassen sich besser in der Hand halten.

Ihre Sprache klingt nur authentisch und überzeugend, wenn Sie die Worte frei auf der Grundlage von Stichworten formulieren. Nun kennen wir professionelle Redner, die beim Ablesen gut artikulieren, betonen und Körpersprache einsetzen können – dies ist jedoch eine hohe Kunst, die viel Erfahrung voraussetzt. Als Anfänger schmälern Sie dadurch die Wirkung Ihrer Worte: Ihre Sprache wirkt kompliziert, Ihre Stimme eintönig, es fehlt einfach der Schwung! Auch wenn Sie es schaffen, die gesamte Rede auswendig zu lernen, fällt das Ihren Zuhörern meist doch unangenehm auf. Außerdem besteht dabei die große Gefahr, dass Sie mittendrin den Faden verlieren.

Üben der Rede oder Präsentation
Gehen wir davon aus, dass Sie Ihr Stichwortmanuskript (und eventuell visuelle Medien) vorbereitet haben. Jetzt sollten Sie das freie Formulieren üben! Bei Ihrem ersten Versuch überprüfen Sie vor allem, ob Sie den gegebenen Zeitrahmen einhalten; nichts ist schlimmer als eine deutlich überzogene Redezeit.

Danach widmen Sie sich bei jedem Testdurchgang einem anderen rhetorischen Aspekt, im letzten beachten Sie mehrere (wenn Sie es schaffen: alle) gleichzeitig. Nehmen Sie Ihre Notizen zu Hilfe, indem Sie kurz auf die Worte schauen und erst dann sprechen – also nie zu Ihrem Manuskript oder zur Projektionswand, sondern immer zu Ihren Zuhörern. Beim nächsten Übungsdurchgang konzentrieren Sie sich auf die Stimme: Betonung einzelner Worte, Variierung der Lautstärke, des Tempos und der Tonhöhen. Beim Formulieren denken Sie daran, kurze, prägnante Sätze zu bilden, die das Publikum aufnehmen kann, und schwierige Ausdrücke zu vermeiden oder zu erklären.

Stehen Sie beim Üben, denn Sie werden auch beim Vortrag stehen.

Es ist nicht empfehlenswert, auch wenn es sehr verlockt, sich hinzusetzen: Im Sitzen sind Sie schlechter zu sehen und zu hören, Ihre Stimme kann nicht ihre volle Kraft entfalten. Verstärken Sie Ihre Worte mit der passenden Mimik und Gestik (s. Abschnitt Körpersprache). Wenn Sie nicht am Pult sprechen, sondern in einer Hand die Manuskriptkarten halten, gestikulieren Sie nur mit der anderen. Möglichst nicht mit Manuskriptzetteln in der Hand »herumfuchteln«.

Um Ihre Wirkung zu kontrollieren, schauen Sie beim Sprechen in einen Spiegel. Nehmen Sie Ihren Vortrag auf, um die Wirkung Ihrer Stimme zu testen und durch das Hören Ihres Vortrages Ihre Einübung weiter zu unterstützen. Optimal ist der Einsatz einer Videokamera. Das beste Feedback erhalten Sie selbstverständlich von einem menschlichen Gegenüber, das Ihnen Kritik und Anregungen bietet.

Lernen Sie außerdem aus der Erfahrung anderer! Analysieren Sie deren Vorträge daraufhin, wovon Sie sich angesprochen fühlen, welche geschickten Stilmittel der Redner angewandt hat und wie Sie davon profitieren können. Außerhalb des beruflichen Umfeldes, z. B. bei Predigten oder Trauerreden, können Sie ebenfalls die Aspekte der Redekunst studieren. In Fernseh-Talkshows erleben Sie, wie raffiniert Moderatoren und Gäste fragen, argumentieren, kurzum sich präsentieren. Und wenn auch nicht alle Politiker begnadete Redner sind, es lohnt sich immer, genau hinzuschauen und zuzuhören. Selbst von schlechten Rednern gibt es viel zu lernen.

Umgang mit bekannten Schwachpunkten

Wahrscheinlich haben Sie schon einmal eine Präsentation gehalten und eine Vorstellung, was Sie verbessern wollen. Beim Vorbereiten und Üben sollten Sie zwar möglichst alle wichtigen Aspekte (Zeitrahmen, Sprache, Stimme, Körpersprache, Visualisierung …) gleichermaßen beachten, aber besonders demjenigen Aspekt etwas mehr Aufmerksamkeit widmen, ihn vielleicht etwas übertriebener ausführen, der Ihnen erfahrungsgemäß am schwersten fällt.

Das kann z. B. bedeuten, Ihre Gestik zu verstärken, wenn Sie üblicherweise die Arme hängen lassen –, oder sie zu dämpfen, wenn das Gegenteil Ihr Problem sein sollte (zu viel lenkt von Ihrem Inhalt ab). Trainieren Sie Ihre Stimme: Wenn Ihnen öfters gesagt wurde, Sie sprächen zu eintönig, variieren Sie Ihre Stimme beim Üben mehr, als Sie es für nötig halten – dann wird es im »Ernstfall« genau richtig sein.

Vom Umgang mit der Aufregung und dem Verhalten bei Pannen

Die größte Sorge beim freien Reden ist wohl die Angst, einen Blackout zu haben, sich ständig zu verhaspeln oder sich sonstwie lächerlich zu machen. Auch ohne konkreten Anlass steigt bei fast allen Rednern der Blutdruck und die Herzfrequenz: Lampenfieber. Dieser im Prinzip ganz gesunden Reaktion des Körpers kann mit einigen Tricks wirksam begegnet werden:

▶ Entscheidend ist Ihre gründliche Vorbereitung. Sie sollten Ihre Rede gut durchdacht und einige Male geübt haben, bis Sie flüssig sprechen können. Falls Ihnen jemand dabei zugeschaut hat, bekämpft dies bereits das Lampenfieber effektiv, weil es das Publikum simuliert.

▶ Seien Sie frühzeitig da, um die Räumlichkeiten kennen zu lernen und einen Eindruck vom Publikum zu gewinnen.

▶ Direkt vor Ihrem Auftritt atmen Sie einige Male tief ein und aus, damit Ihr Gehirn besser mit Sauerstoff versorgt wird. Wenn Sie einen nahe gelegenen Raum alleine nutzen können (notfalls die Toilette), strecken und recken Sie sich ordentlich, das stärkt Ihnen im wahrsten Sinne des Wortes den Rücken. Öffnen und schließen Sie einige Male weit den Mund und die Augen, um die Gesichtsmuskeln zu entspannen.

▶ Wenn Sie vorne stehen, nehmen Sie sofort Blickkontakt mit einer (möglichst vertrauten) Person auf und lächeln Sie sie an. Halten Sie den Blick fest, bis Sie einen Satz oder Gedanken beendet und das Gefühl haben, verstanden worden zu sein. Dann lassen Sie Ihren Blick zu jemand anderen gleiten und machen es genauso. Bei der dritten Person werden Sie Ihre Angst vergessen haben!

▶ Gehen Sie davon aus, dass Ihr Publikum Ihnen wohlgesinnt ist. Es lauert nicht darauf, Sie zu kritisieren, sondern möchte nur auf möglichst angenehme Art und Weise etwas Neues lernen.

▶ Längerfristig hilft nur üben, üben und nochmals üben! Deswegen nutzen Sie alle Gelegenheiten zum Sprechen innerhalb und vor Gruppen, die sich Ihnen bieten. Mit regelmäßigen Atem-, Sprech- und Stimmübungen sowie lautem Singen erzielen Sie längerfristige Erfolge.

Wenn Ihnen aber während Ihres Vortrages wirklich »der Faden reißen sollte«, geraten Sie nicht in Panik. Blicken Sie ruhig auf Ihre Stichworte und nehmen das Ende des Fadens wieder auf: »Lassen Sie mich das bisher Gesagte noch einmal kurz zusammenfassen …« Wenn Sie mit dem Publikum vertraut sind, können Sie auch zu Ihrem Blackout stehen: »Um ehrlich zu sein, ich habe jetzt gerade den Faden verloren … einen ganz kleinen Moment … Wo war ich gerade …?«

Das Wichtigste: Beweisen Sie Durchhaltevermögen

Damit kommen wir auf das Thema Selbstbewusstsein zurück: Selbstsichere Menschen haben normalerweise weniger Lampenfieber als unsichere. Es ist ein langer Prozess, der in verschiedenen Stadien abläuft. Sie werden zwischendurch vielleicht auch Stillstand oder sogar einen Rückschritt erleben.

Wenn Sie durchhalten, werden Sie erfahren, dass Sie in vielen Lebensbereichen mehr Zuversicht, Kraft und Ansehen gewinnen. Kleine Erfolge steigern Ihre Lust, sich in anderen Bereichen zu erproben, sich immer mehr zuzutrauen. Das stärkt Ihre gesamte Persönlichkeit. Kommunikation ist eine Grundvoraussetzung menschlichen Zusammenlebens, insbesondere in der Arbeitswelt. Diejenigen, die sie besser beherrschen, sind selbstbewusster und erfahren mehr Anerkennung. Tun Sie das Ihre, um erfolgreich zu sein!

Ihr Körper und die Kleidung reden mit

In unseren Beispielen ist es schon immer mit angeklungen: Wir alle kommunizieren ja nicht nur mit Worten. Nein, die Hände, die Augen, der ganze Körper redet mit. Und zwar häufig recht eigenwillig, ohne dass wir die Kontrolle darüber haben. Die Signale, die wir dabei aussenden, werden vom Gegenüber meist sofort verstanden und emotional gedeutet. Da kann es schon vorkommen, dass unsere Körpersprache dem, was wir gerade sagen, fundamental widerspricht. So etwas sollten Sie vermeiden können, weshalb wir im Folgenden ein paar Tipps für Sie zusammengestellt haben, denn selbst für die Körpersprache gilt, dass man sie besser kennen lernen und damit bis zu einem gewissen Grad lenken kann.

Ähnliches gilt für die Kleidung. Das Sprichwort sagt, dass Kleider Leute machen. Was aber auch heißt, dass die falsche Kleidung zum falschen Anlass die Leute auch fertig machen kann. Ein paar Hinweise finden Sie am Ende dieses Kapitels.

Körpersprache

Achten Sie einmal auf die Anordnung der Möbel, wenn Sie einen Raum betreten. Sind die Sitzmöbel so platziert, dass Sie sich am liebsten gleich hinsetzen würden, oder stehen sie hinter einem Tisch und können nur mit Mühe erreicht werden? Im ersten Fall fühlen Sie sich willkommen, im zweiten würden Sie vielleicht am liebsten gleich wieder gehen.

Mit unserem Körper können wir ähnliche Signale aussenden. Je nachdem wie wir uns bewegen oder stehen, sagen wir »Hallo, sprechen Sie mich ruhig an« oder »Lassen Sie mich bloß in Ruhe, ich möchte nicht gestört werden«. Wer sich unwohl fühlt, verschränkt häufig die Arme und baut damit eine Barriere auf, die kaum jemand durchbrechen möchte. Auch andere Körperhaltungen zeugen von Unsicherheit: Wer die Hände in den Hosentaschen vergräbt oder nervös mit dem Feuerzeug spielt, schreit es förmlich heraus: »Ich wünschte, ich wäre jetzt ganz woanders!«

Wenn Sie dagegen Ihre Arme locker an der Seite hängen lassen, die Beine etwas auseinander stehen und ein leichtes Lächeln auf Ihrem Gesicht liegt, dann steigert das die Bereitschaft der anderen Menschen, Sie anzusprechen. Diese entspannte Körperhaltung kann jedoch nur erreicht werden, wenn Sie sich wohl in Ihrer Haut und in der jeweiligen Umgebung fühlen. Wer innerlich ausgeglichen ist, steht ganz von allein unverkrampft im Raum.

Lächeln

Der Kommunikationsprofi setzt sein Lächeln sehr gezielt ein. Wer in den entscheidenden Momenten lächelt, wirkt glaubhafter als derjenige, der permanent grinst.

Ihre Strategie: Schauen Sie Ihr Gegenüber zunächst für eine Sekunde an, bevor Sie lächeln. Auf diese Weise vermitteln Sie Ihren Mitmenschen das Gefühl, sie seien der Auslöser Ihres Lächelns und etwas ganz Besonderes.

Augenkontakt

Für intensiven Augenkontakt während eines Gespräches gibt es gute Gründe. Sie signalisieren so Respekt und Zuneigung, zeigen Ihrem Gesprächspartner, dass er für die Zeit der Unterhaltung im Mittelpunkt Ihres Interesses steht. Ferner wird Augenkontakt vom Gegenüber als Zeichen für Intelligenz gewertet. Wer den anderen während des Gesprächs anschaut, beweist Abstraktionsvermögen. Er zeigt, dass er Informationen aufnehmen kann, während er sich unterhält.

Durch Blickkontakt erreichen Sie, dass Ihr Gesprächspartner sich wohl fühlt; gleichzeitig können Sie ihn gezielt beobachten. Schaut Ihr Gegenüber interessiert, fasziniert, gebannt oder eher gelangweilt, genervt, ungehalten oder sogar wütend? Oder lässt er gar die Blicke umherschweifen?

Ihre Strategie: Wenn Sie in einer kleinen Gruppe zusammensitzen oder -stehen, sollten Sie darauf achten, dass alle sich angesprochen und anerkannt fühlen und niemand ausgeschlossen wird. Das können Sie dadurch erreichen, indem Sie, während Sie sprechen, jedem der Anwesenden durch Blicke zu erkennen geben, dass Ihnen seine Meinung wichtig ist. Wenn andere sprechen, schauen Sie primär den Redner an, halten Sie jedoch auch Blickkontakt zu den anderen in der Runde und zeigen so, dass Sie an den Reaktionen interessiert sind.

In der folgenden Liste sind die wichtigsten Signale zusammengestellt, die ein Mensch mit Hilfe seines Körpers aussendet – und Möglichkeiten, wie sie von seinem Gegenüber interpretiert werden könnten.

KÖRPERSIGNAL	BEDEUTUNG
Blickverhalten	
Augen betont weit offen	Aufmerksamkeit, Aufnahmebereitschaft, Sympathie, Weltoffenheit signalisierend, Flirtverhalten
verengte Augenöffnung	Konzentration, Entschlossenheit, Eigensinn, Kleinlichkeit, überkritische Haltung
zugekniffene Augen	Abwehr, Unlust
gerader Blick	Offenheit, reines Gewissen, Vertrauen
schräger Blick	abschätzende Zurückhaltung
häufiger Blickkontakt	Sympathie
häufiges Wegsehen	mangelnde Sympathie oder Verlegenheit
auffällig häufiger Lidschlag	Unsicherheit, Befangenheit
Mimik	
offenes Lächeln	offene Heiterkeit, uneingeschränktes Mitfreuen
gequältes Lächeln	ironisch, schadenfroh, blasiert, ängstlich
überwiegend geöffneter Mund	Mangel an Selbstkontrolle
zusammengepresster Mund	Zurückhaltung, Reserviertheit, Verkniffenheit, Kontaktarmut
Mundwinkel nach unten	Verbitterung, Pessimismus, depressiv
Mundwinkel nach oben	Aktivität bis Abwehr
Heben der Augenbrauen	Ungläubigkeit oder Arroganz
Gestik	
übertrieben kräftiger Händedruck (»Knochenbrecher«)	Rücksichtslosigkeit, Angeberei
kräftiger Händedruck ohne Übertreibung	Aufrichtigkeit, Sicherheit
schlaffer Händedruck (»tote Hasenpfote«)	Unsicherheit, kontaktarm, leicht beeinflussbar
Hand wegziehend	Verschlossenheit
verschränkte Arme:	
– bei Männern	Ablehnung, Verschlossenheit
– bei Frauen	Selbstschutz, Angst
Hand vor den Mund halten:	
– während des Sprechens	Unsicherheit
– nach dem Sprechen	will das Gesagte zurücknehmen

Sprecher hält Armlehnen mit beiden Händen fest	Aggressivität, aber etwas unsicher, neigt zur Weitschweifigkeit
Kopf auf Hände stützen	Nachdenklichkeit, Erschöpfung, Langeweile
Spitzdach mit den Händen formen	Arroganz, Abwehr gegen Einwände
Hände reiben	selbstgefällig, selbstzufrieden
spielende Hände	Zeichen von Erregung, Nervosität, Befangenheit, Angst, Verwirrung
mit dem Finger auf den Gesprächspartner zeigen	Angriff, Wut
Hand zur Faust ballen	Wut, verhaltener Zorn
Anfassen der Nase	Nachdenklichkeit, kritische Haltung, Verlegenheit
über den Hinterkopf streichen	Verlegenheit, Unbehagen, Ärger
Zupfen an den Ohren, Streichen des Kinns	Nachdenklichkeit, Zufriedenheit
Finger zum Mund nehmen	Verlegenheit, Unsicherheit
mit den Fingern trommeln	Nervosität, Ungeduld
häufiges Spielen mit dem Ring	frustriert vom häuslichen Leben
häufiges Abnehmen der Brille	Ablehnung, Angriff, Nervosität

Körperhaltung

Achselzucken, Handflächen nach außen	Hilflosigkeit
Übereinander geschlagene Beine:	
– zum Gesprächspartner hin	Aufbau eines Sympathiefeldes
– vom Gesprächspartner weg	Ablehnung, Unwillen
übergeschlagene Beine, Knie in die Hand gestützt	kritisch, skeptisch
dicht aneinander gestellte Füße beim Sitzen	schuldhafte Ängstlichkeit, Einzelgänger, überkorrekte Grundeinstellung
breitbeiniges Sitzen	sorglose Unbekümmertheit, Rücksichtslosigkeit
friedlich ruhende Sitzhaltung	Selbstsicherheit, aber auch robuste Unbekümmertheit, seelische Erschöpfung
alarmbereite Sitzweise (auf dem Sprung sein)	Mangel an Selbstvertrauen und Sicherheit, auch Misstrauen, innere Unruhe, Angst
Füße um die Stuhlbeine legen	Unsicherheit, Suche nach Halt
Füße nach hinten nehmen	Ablehnung
mit den Füßen wippen	Arroganz, Ungeduld, Sicherheit, Aggressivität

steife, militärische Körperhaltung	Unterdrückung von Angst
breitbeinig dastehen, Daumen in den Achselhöhlen	Selbstsicherheit
den Oberkörper weit nach vorn lehnen	Interesse, Sympathie, Wunsch zu unterbrechen
den Oberkörper weit zurücklehnen	Desinteresse, Ablehnung

Sprechweise	
lautstarke Stimme	Vitalität, Selbstbewusstsein, Kontaktfreude, aber auch Unbeherrschtheit, Geltungsdrang
leise, flüsternde Stimme	Schwäche, mangelndes Selbstbewusstsein, aber auch Sachlichkeit, Bescheidenheit
schnelles Sprechtempo	Impulsivität, Temperament, aber auch ungezügelt, nervös
langsames Sprechtempo	antriebsschwach, aber auch Sachlichkeit, Besonnenheit, Ausgeglichenheit
wechselndes Sprechtempo	innere Unausgeglichenheit
ausgeprägte Pausengestaltung	Disziplin, Selbstbewusstsein
starke Akzentuierung	Lebhaftigkeit, Gefühlsstärke
schwache Akzentuierung	Uninteressiertheit, mangelnde geistige Flexibilität

Geruch	
parfümiert	werbend
überstark parfümiert	unsicher, vernebelnd
Schweißgeruch	ängstlich, unordentlich

Kleidung

Unser Gegenüber nimmt uns zuallererst vor allem mit den Augen wahr. In wenigen Sekunden fällt ein erstes Urteil – »Der sieht gut aus in dem blauen Hemd!«, »So würde ich nie 'rumlaufen!« oder »Die glaubt wohl, sie ist was Besseres, nur weil sie Designerjeans trägt!«. Mit Kleidung signalisieren wir den anderen: »Hallo, ich bin einer von euch!« Oder: »Ich kann mir teure Kleidung leisten und habe einen tollen Geschmack.«

Um es auf den Punkt zu bringen: Für einen positiven Eindruck bei unseren Kommunikationspartnern sorgen wir nicht nur mit Worten, sondern auch mit angemessener Kleidung.

Ihre Strategie: Wer durch seine Kleidung Erfolgsorientierung signalisieren will, wird auf Mode und erkennbare Qualität Wert legen. Kleidung, in der Sie sich wohl fühlen und die zusätzlich etwas »hermacht«, kann erheblich das Selbstbewusstsein und die Laune steigern. Diesen Umstand sollten Sie nutzen und sich zum Bespiel an Tagen, an denen es Ihnen nicht gut geht, für Ihre Lieblingsgarderobe entscheiden. Sie sollten durch Kleidung nicht von Ihrer Person ablenken – hochhackige Riemchensandalen machen sich in einem Vorstellungsgespräch nicht so gut. Daher – achten Sie darauf, in welcher Situation Sie was tragen, und passen Sie sich gegebenenfalls Ihrem Gegenüber an!

NETWORKING

Beziehungen aufbauen, pflegen und nutzen

Nichts hilft dem Selbstbewusstsein so auf die Sprünge wie die Erfahrung, von anderen geschätzt zu werden und anderen helfen zu können. Nach dem Motto: Zwei Freunde zusammen sind unschlagbar, sollten Sie also unbedingt Ihrem Familien-, Freundes- und Bekanntenkreis verstärkte Aufmerksamkeit spenden. Das lohnt sich in jeder Hinsicht, denn nichts ist in der Arbeitswelt so wichtig wie »Vitamin B«, d. h. funktionierende Beziehungen. Ein guter Bekannter erzählt Ihnen zum Beispiel, dass im Betrieb eines Freundes genau der Arbeitsplatz frei ist, den Sie schon lange suchen. Und er legt für Sie ein gutes Wort bei seinem Freund ein. Ein nicht ganz selten praktizierter Idealfall – ein einzelnes Gespräch ist in diesem Fall sehr viel effektiver als eine Anzeige, die von Tausenden gelesen wird.

Eine wesentliche Voraussetzung dafür, dass Sie solche Informationen und persönliche Empfehlungen erhalten, ist, dass Sie Leute kennen, die Sie mögen, die sich für Sie einsetzen und die bereit und in der Lage sind, Sie zu fördern.

Wir möchten Sie im Folgenden mit Anregungen unterstützen, wie Sie persönliche Beziehungsnetzwerke aufbauen, pflegen und erfolgreich nutzen.

> Etwa gut 70 Prozent der zu besetzenden Arbeitsplätze werden dem freien Arbeitsmarkt *nicht* in Form von Stellenangeboten zugänglich gemacht! Denn: Über fast jede freie Stelle sprechen die Verantwortlichen zunächst mit Freunden oder Geschäftspartnern, bevor die Position ggf. öffentlich ausgeschrieben wird.

So bauen Sie ein Beziehungsnetz auf

▶ Nutzen Sie alle Kontakte, die Sie bereits haben. Ob Verwandte, Bekannte, Freunde, Freunde der Freunde, Exkollegen, Ausbilder oder Vorgesetzte (insbesondere die ehemaligen) – halten Sie die Ohren offen, wer was wo kann.

▶ Bei einem Beziehungsaufbau (bzw. -intensivierung) in Ihrem bisherigen Arbeitsumfeld: Bedenken Sie, wie wichtig Informationen aus möglichst allen Unternehmensbereichen und -ebenen sind. Beschränken Sie daher Ihr Netzwerk nicht auf eine bestimmte Hierarchiestufe. Ein guter Kontakt zur Empfangsdame kann unter Umständen genauso sinnvoll sein wie die Beziehungspflege zum Leiter Controlling.

▶ Knüpfen Sie neue Kontakte – insbesondere in einer Phase der Arbeitslosigkeit. Der Phantasie sind dabei keine Grenzen gesetzt. Wenn Sie beispielsweise einen interessanten Vortrag besuchen, stellen Sie doch dem Referenten am Ende gezielt Fragen. Bei einem berufsbezogenen Seminar könnte eine Frage lauten, welche Berufsaussichten der Referent für jemanden mit Ihren Kenntnissen sieht.

▶ Schließen Sie sich einem klassischen institutionalisierten Netzwerk in Beruf und Freizeit an – Berufsverbände, Gewerkschaften, Bürgerinitiativen, alles vom ADAC über den Sportverein bis hin zu exklusiven Netzwerken wie den Rotariern, dem Lions oder dem Golfklub mit hohem Jahresbeitrag. Überlegen Sie, wo es für Sie am sinnvollsten wäre, mitzumachen und Ihre persönlichen »Netzwerkfühler« auszustrecken.

▶ Versäumen Sie in Gesprächen nie, nach weiteren Experten zu fragen, mit denen Sie reden sollten.

▶ Empfehlen Sie sich selbst. Das (Berufs-)Leben schafft Kontakte, sei es zum Beispiel auf Fachmessen, Kongressen, Tagungen, bei Verkaufskontakten oder Forschungsvorhaben.

Überlegen Sie, welche Ihrer Bekannten großartige Networker sind. Beobachten Sie diese Menschen genau, und lernen Sie von ihnen. Betrachten Sie Networking als eine Art Sprache: Wer eine Fremdsprache beherrschen will, lernt am besten von Muttersprachlern.

So pflegen Sie Ihr Beziehungsnetz

▶ Zeigen Sie Ihren Mitmenschen, dass sie Ihnen wichtig sind, und nehmen Sie sich Zeit für sie. Stellen Sie sicher, dass Ihre Networking-Kontakte nicht das Gefühl bekommen, von Ihnen nur als nützliche Ratgeber instrumentalisiert und ausgenutzt zu werden. Bitten Sie daher nicht Leute um Hilfe und Unterstützung, für die Sie sich jahrelang nicht interessiert haben.

▶ Suchen Sie in regelmäßigen Abständen den Kontakt – nicht immer ist ein persönliches Treffen machbar, auch mit kurzen Telefonaten, E-Mails oder

SMS können Sie Ihr Gegenüber auf dem Laufenden halten. Informieren Sie Ihre Freunde möglichst regelmäßig über Fortschritte bei Ihren Projekten oder Bewerbungsaktivitäten. Melden Sie sich nicht nur, wenn Sie Hilfe brauchen.

▶ Überlegen Sie, was Sie wiederum selbst für andere Personen tun können. Überlegen Sie auch außerhalb der Arbeitswelt, womit Sie sich für einen Gefallen revanchieren können: Sind Sie vielleicht handwerklich geschickt, verfügen über phänomenale Kochkünste, sind Ihre Partys unvergesslich, oder können Sie der Tochter eines Bekannten vielleicht einen Praktikumsplatz besorgen? Ihr Beziehungsnetzwerk wird nur funktionieren, wenn auch andere von Ihrem Können, Ihren Kontakten profitieren.

▶ Tragen Sie Informationen über die Personen in Ihrem Netzwerk schriftlich auf Karteikarten zusammen. Schreiben Sie Namen, Adressen, Telefonnummern, Arbeitgeber und Bekannte Ihrer Kontaktpersonen auf; notieren Sie ferner den Anlass, wo Sie die betreffende Person kennen gelernt haben. Hobbys und Interessen sind weitere lohnungswerte Informationen. So finden Sie immer einen passenden Anknüpfungspunkt in Ihren weiteren Kontakten.

▶ Ein gutes Netzwerk ist ein fortlaufender Prozess; aktualisieren Sie daher Ihre Karteikarten regelmäßig.

So nutzen Sie Ihr Beziehungsnetz beruflich

▶ Grundvoraussetzung: Trauen Sie sich, gezielt nach Unterstützung zu fragen – Sie werden erstaunt sein, wie viele Menschen bereit sind, Ihnen zu helfen. Formulieren Sie Ihr Anliegen kurz und ohne Umschweife; seien Sie nicht irritiert oder beleidigt, wenn Sie damit gelegentlich keinen Erfolg haben (sondern: analysieren Sie – woran hat es gelegen: an der falschen Ansprache oder der »falschen« Person?).

▶ Richtiger Zeitpunkt: Seien Sie sensibel für die Umstände, in denen Sie nach einem Gefallen fragen – ist derjenige selbst im Stress oder entspannt?

▶ Emotionale Unterstützung: Gerade in einer schwierigen Arbeits- oder Bewerbungsphase brauchen Sie Familienmitglieder und Freunde, die Ihnen helfen, sich mit Ihnen unterhalten, Sie auch korrigierend auf den richtigen Weg bringen. Warten Sie nicht darauf, dass Ihre Familie oder Ihre Freunde merken, wie schlecht es Ihnen geht, und auf Sie zukommen, um Sie zu trösten. Besser: Bitten Sie sie aktiv um Hilfe und Unterstützung.

▶ Zielanalyse: Bevor Sie Ihr Beziehungsnetzwerk aktiv für berufliche Unterstützung, Neu- oder Umorientierung nutzen, sollten Sie selbst genau wissen, welche Arbeit, welches Umfeld Sie suchen und was Sie genau erreichen wollen. Nur so können Sie gezielt um Unterstützung bitten. Es muss zu erkennen sein, dass Sie großes Interesse und (Vor-)kenntnisse für den angestrebten Job mitbringen. Niemand kann es sich leisten, seinen eigenen Ruf dadurch aufs Spiel zu setzen, indem er Leute empfiehlt, die für bestimmte Positionen ganz einfach nicht geeignet sind.

▶ Vorbereitung: Gehen Sie stets gut vorbereitet in Networking-Gespräche, damit die wichtigen Punkte in kurzer Zeit angesprochen und durchgearbeitet werden können.

▶ Potenzielle Referenzgeber: Überlegen Sie sich, wer positive Aussagen über Sie und Ihre Leistungen machen kann (bei Führungskräften können dies auch ehemalige Mitarbeiter sein!). Bitten Sie diese Personen um Kooperation; besprechen Sie vorab, welche Auskünfte über Sie gegeben werden sollten. Beschränken Sie sich dabei auf sachliche Aspekte; langatmige, subjektive Rückblicke interessieren nicht, positive Übertreibungen führen den Fragesteller womöglich dazu, weiter nachzuforschen.

▶ Geduldig sein: Lassen Sie dem anderen Zeit zum Überlegen. Melden Sie sich in jedem Fall zum vereinbarten Zeitpunkt wieder, und verdeutlichen Sie so, wie ernst Ihnen diese Anfrage ist.

▶ Neues Berufsfeld: Falls Sie ein neues Berufsfeld ansteuern, stellen Sie eine Liste mit Fragen zum neuen Fachgebiet zusammen. Wenn Sie dann mit Kontaktpersonen aus diesem Bereich sprechen, bekommen Sie schnell einen guten Überblick über aktuelle Trends, Probleme und Chancen in der Branche.

▶ Ihr Wunscharbeitsfeld: Um direkt und hautnah zu erfahren, wie sich Ihr Wunschberuf »anfühlt«, sollten Sie möglichst auch den Berufsalltag (zumindest passiv) kennen lernen. Besorgen Sie sich daher Namen/Telefonnummern von potenziellen Ansprechpartnern im Bekanntenkreis oder bei Beratungsstellen. Rufen Sie diese Personen an, und bitten Sie diese um ein kurzes Gespräch. Bereiten Sie eine Liste mit den wichtigsten Punkten vor. Wenn Ihnen nichts einfällt, stellen Sie folgende Fragen:
  – Wie fanden Sie den Einstieg in Ihr Berufsfeld, in diese spezielle Position?
  – Was gefällt Ihnen an Ihrem Beruf am besten?
  – Was stört Sie am meisten an Ihrer Arbeit?
  – Würden Sie sich wieder für Ihren Tätigkeitsbereich entscheiden und warum?
  – Mit wem, der ebenfalls in diesem Bereich arbeitet, sollte ich noch reden?

▶ Ihr Wunscharbeitgeber: Wenn Sie schon genau wissen, für welches Unternehmen Sie arbeiten möchten, können Sie noch konkreter vorgehen.

   – Erkundigen Sie sich bei möglichst vielen Personen, ob diese jemanden kennen, der bei der Firma XY arbeitet oder gearbeitet hat. Lassen Sie sich Namen/Telefonnummer geben, oder (besser) bitten Sie Ihre Kontaktperson, die Verbindung herzustellen (»Ich freue mich, dass du diesen Kontakt für mich herstellen willst. Darf ich dich übermorgen/ nächste Woche wieder anrufen und mich erkundigen, was du erreicht hast?«).

   – Rufen Sie dann selbst die Person an, die für das Unternehmen XY arbeitet, und bitten um ein kurzes Gespräch. Seien Sie höflich/freundlich, und beschreiben Sie Ihr Anliegen gezielt und kurz (»Ich interessiere mich für den Bereich Finanzcontrolling, wer stellt in Ihrer Firma das Personal für diesen Bereich ein?«). Fragen Sie nach Namen, Telefonnummer, E-Mail und Anschrift des Verantwortlichen; ferner (wenn das Telefonat entsprechend gut verläuft) auch nach dem genauen Aufgabenbereich des Verantwortlichen, was für ein Typ Mensch dieser ist oder nach seinen Hobbys und Interessen. Allgemeine Fragen zum Unternehmen, zur Firmenkultur etc. könnten sich anschließen.

▶ Bedanken: Sie sollten sich stets umgehend bei allen bedanken, die Ihnen bei Problemen in der Arbeitswelt, evtl. bei Ihrer Jobsuche geholfen haben. Berichten Sie, warum gerade die Gespräche mit Frau X und Herrn Y so wichtig für Sie waren. So zeigen Sie, dass Sie sich über die Hilfe gefreut haben.

Bei allem Vertrauen in Ihr Netzwerk: Ihre Eigeninitiative ist und bleibt Ihr größter Erfolgsfaktor!

SO TRETEN SIE SYMPATHISCH AUF

Bei aller Wichtigkeit, nicht allein Ihre innere Disposition, Ihre Herkunft oder alle bisher gemachten Erfahrungen sind es, sondern Ihre Ausstrahlung insgesamt bestimmt, wie Sie auf andere Menschen wirken, wie es Ihnen gelingt, sich positiv mit anderen auseinanderzusetzen. Egal ob beim Networking, bei einem Vortrag oder ob Sie eine Auseinandersetzung zu überstehen haben, schon wenn Sie äußerlich halbwegs ruhig und einigermaßen selbstsicher auftreten, dazu auch noch freundlich zugewandt erscheinen, nehmen Ihre Mitmenschen Sie viel eher als sympathisch wahr, sind viel eher bereit, Ihnen zuzuhören, auf Sie zuzugehen, Ihre Wünsche zu erfüllen. Sie erhalten schneller und leichter positives Feedback, was wiederum Ihr Selbstbewusstsein und Ihre Selbstwirksamkeit steigern kann und damit eine höchst hilfreiche Erfolgsspirale in Gang setzt. Eine Erkenntnis, die Sie für sich nutzen sollten.

Ob eine Begegnung oder ein Gespräch gelingt oder misslingt, hängt entscheidend davon ab, wie sympathisch Sie wirken, in welchem Maß es Ihnen gelingt, positiv »rüberzukommen«. Der so genannte »erste Eindruck« stellt bei zwei Gesprächspartnern, die sich bisher unbekannt waren, die Weichen. Diese ersten Sekunden entscheiden, ob es eher zu einer positiven Gefühlsreaktion kommt oder zu einer negativen: Sympathie oder Antipathie.

Wirken Sie sympathisch auf Ihr Gegenüber, stärkt dies auch Ihr Selbstwertgefühl. Durch eine positive Reaktion auf Ihre Person, wie beispielsweise Lächeln, Komplimente oder ein nettes Feedback, fühlen Sie sich angenommen und wohl. Dies gilt es zu erreichen, aber auch zu nützen. Jetzt und zukünftig.

Die folgende Übersicht verdeutlicht Ihnen nun auf einen Blick, was Sympathie eher hervorruft oder ganz schnell verhindert:

SYMPATHIE	ANTIPATHIE
wird eher mobilisiert durch ...	wird eher mobilisiert durch ...
Anpassung	mangelnde Anpassung
Charisma	fehlendes Charisma
Freundlichkeit	Unfreundlichkeit

Höflichkeit	Unhöflichkeit
Gelassenheit	Nervosität
Ruhe	Unruhe
Selbstsicherheit	Unsicherheit

Geduld	Ungeduld
Toleranz	Intoleranz
Gleichberechtigung	Streben nach Dominanz / Macht
gewähren lassen (Freiheit)	beherrschen wollen (Unfreiheit)
Attraktivität	abstoßendes Äußeres
Schönheit	Hässlichkeit
Gewandtheit	Unsicherheit
Entspanntheit	Angespanntsein
gleiche/ähnliche Interessen/Hobbys	stark unterschiedliche Interessen/Hobbys

Wie sympathisch können Sie sein? Wie viel Sympathie kann der Einzelne für sich mobilisieren?[50] Und wie entsteht überhaupt Sympathie?

Zu Sympathiegefühlen bei Ihrem Gegenüber kommt es immer dann, wenn Sie bei ihm den (ersten) Eindruck und die Hoffnung erwecken, dass Sie einen Beitrag zu seiner Bedürfnisbefriedigung (z. B. Aufmerksamkeit, Zuwendung, Erfolg, Macht) leisten können. Außerdem fördert es die Sympathie, wenn sich Ihr Gegenüber dabei mit Ihnen identifizieren kann, nach dem Motto: »Mein Gegenüber ist ja genauso bzw. ganz ähnlich wie ich.« Man entdeckt im anderen etwas, was einem selbst bekannt ist. Neben den reinen Äußerlichkeiten werden insbesondere biographische Gemeinsamkeiten zum Sympathiecheck herangezogen (z. B. bezüglich früherer Wohnorte, Ausbildung, Freunde, Bekannte, Wertewelten, Hobbys etc.).

Verbale Kommunikation (Sprache, Sprechweise: laut, leise, mit Dialekt usw.) und nonverbale Äußerungen (Körpersprache, Aussehen, Auftreten, Kleidung) sind weitere Faktoren, die das Entstehen von Sympathie/Antipathie ausmachen.

Ihre Strategie: Der vorsichtige Umgang mit Worten, aktives, gutes Zuhören, Fragen stellen statt selbst allzu viel zu reden, nicht demonstrativ zur Schau gestellte Selbstüberzeugtheit und das Bewusstsein, dass jeder anders (komisch) ist (man selbst eingeschlossen). All dies ist bestens dazu angetan, bei Ihrem Gegenüber Sympathien zu mobilisieren, lässt die Kommunikation zu einem Vergnügen werden – und stärkt wiederum Ihr eigenes Selbstwertgefühl.

Ihr Selbstbewusstsein, Selbstvertrauen, Selbstwertgefühl – Ausblick

Selbstbewusstsein, Selbstsicherheit, Selbstwirksamkeit sind Grundlagen für vieles und ganz sicher auch die entscheidenden Bausteine für Ihren beruflichen Erfolg. Selbstbewusstsein ist für Sie in Ihrem beruflichen Wirken noch wichtiger als Fremdsprachen- oder Computerkenntnisse, es ist *der* Weichensteller überhaupt.

Zu wissen, wer man ist, wie man ist und was man will und kann, sind entscheidende Schlüssel, die Ihnen den Zugang zu Selbstwirksamkeit und zu einem Mehr an Selbstbewusstsein enorm erleichtern.

Eine wichtige Wurzel des Selbstbewusstseins ist in einem entsprechend ausgeprägten Körperbewusstsein verankert. Menschen, die regelmäßig Sport treiben, entwickeln ein besseres Selbstbewusstsein als solche, die dies nicht tun.

Die (gedankliche) Einschätzung des eigenen Körpers, der Bewegungs- und Koordinationsmöglichkeiten gibt verstärktes Vertrauen. Wenn Sie Ihre motorischen Fähigkeiten trainieren und richtig einschätzen können, werden Sie nicht nur Ihres Körpers bewusst, sondern auch Ihres Selbstes.

Daher – bewegen Sie sich, treiben Sie Sport, werden Sie sich Ihrer körperlichen Handlungsmöglichkeiten bewusst. Wenn Sie erkennen, dass sich Muskeln bilden, Ihre Beine schneller werden, Sie beweglicher und koordinierter handeln können, wirkt sich dieses positiv auf Ihr Selbstbewusstsein aus. Sie erleben Ihre Energie und Kreativität gesteigert, Stress und Verstimmungen werden leichter abgebaut. Die Fähigkeit, Ihren Körper zielgerichtet einzusetzen, wird automatisch Ihre körperliche Präsenz verbessern: Ihre Körperhaltung ist aufrechter, Ihr Gang energischer, Ihre Bewegungen lebhafter.

Jedoch trägt nicht nur Bewegung zu einem körperlichen Selbstvertrauen bei. Auch gesunde Ernährung, entsprechende Hygiene und bewusste Körperpflege unterstützen Sie dabei, sich selbst und Ihren Körper anzunehmen. Gönnen Sie sich als Belohnung eine Massage, eine Kosmetikbehandlung oder ein neues Parfüm – Sie werden sich besser fühlen.

Ihre Körpersprache hat maßgeblichen Anteil an Ihrer Ausstrahlung, Ihrem Auftreten. Sie bestimmt zu einem wesentlichen Anteil[51], wie man Sie wahrnimmt. Wir kommunizieren zu einem viel größeren Teil als uns bewusst ist mittels unserer Körpersprache. Sie ist sozusagen unserer »Gefühlssprache«. Oder anders ausgedrückt: Mittels Körpersprache zu lügen ist schwieriger als mit Worten.

Ständig sendet Ihr Körper Signale aus. Je nachdem wie Sie sich bewegen oder stehen, sagen Sie nonverbal: »Hallo, ich fühl mich gut, ich bin okay!«

Oder: »Mit mir stimmt etwas nicht, lassen Sie mich bloß in Ruhe, ich möchte nicht gestört werden!«

Kleidung, Frisur, Make-up – unser optisches Äußeres entscheidet größtenteils über den ersten Eindruck, wie uns andere, aber auch wie wir uns selbst einschätzen. Gut zurechtgemacht, mit ansprechendem Outfit, frisch gewaschenen Haaren und gepflegtem Make-up wird sich Ihr Selbstvertrauen anders anfühlen, als wenn Sie sich in Ihrer Kleidung unwohl fühlen und seit zwei Jahren nicht mehr beim Friseur waren.

Die Arbeit am eigenen Selbstbewusstsein ist ein lebenslanger Prozess. Er ist nicht immer angenehm: Vor allem dann nicht, wenn wir uns selbst eingestehen müssen, dass wir neidisch reagiert haben, dass wir ängstlich waren und vor etwas zurückgewichen sind. Dennoch – die Mühe lohnt sich. Wir alle sind noch wachstumsfähig.

Gewinnen Sie Bewusstsein für Ihre eigenen Talente und Fähigkeiten; erfassen Sie sich und andere mit allen Sinnen. Nutzen Sie dafür Ihren Kopf, Ihr Herz und Ihren Bauch. Viele einzelne Komponenten wirken so verzahnt ineinander, um schließlich das auszumachen, was in unser Bewusstsein als Selbstbild eindringen kann und wieder herausstrahlt. Wenn Sie offen und ehrlich Ihr eigenes Selbst kennen lernen und annehmen, wenn Sie aufrichtig mit anderen Menschen umgehen und auch deren Selbst annehmen können, haben Sie schon ein gutes Stück Weg geschafft. Wohin? Zu einem erfüllten Leben. Denn »das Selbstwertgefühl ist der beste verfügbare Indikator von Glück«.[52]

ANMERKUNGEN

1 Nathaniel Branden: *Die sechs Säulen des Selbstwertgefühls. Erfolgreich und zufrieden durch ein starkes Selbst.* München 2002, S. 71 (Originalausgabe 1994).

2 Ebd., S. 263.

3 Wolfgang Streitbörger: Alles nur eine Frage des Temperaments? In: *Psychologie Heute*, Sonderausgabe compact: Wie gut kennen Sie sich?, Heft 6, 2001, Weinheim, S. 40–43, hier S. 42.

4 Thomas Saum-Aldehoff: Heute so, morgen so. In: *Psychologie Heute*, Sonderausgabe compact, S. 30–33, hier S. 31.

5 Vgl. ebd., hier S. 33.

6 Mehr dazu: Ronald D. Laing: *Das geteilte Selbst. Eine existenzielle Studie über geistige Gesundheit und Wahnsinn.* Köln 1994, S. 122 (Originalausgabe 1960).

7 Michaela Pfadenhauer: *Professionalität. Eine wissenssoziologische Rekonstruktion institutionalisierter Kompetenzdarstellungskompetenz.* Opladen 2003, S. 112.

8 Ebd. S. 113.

9 Ebd. S. 117.

10 Karl Mannheim: Über das Wesen und die Bedeutung des wirtschaftlichen Erfolgsstrebens. Ein Beitrag zur Wirtschaftssoziologie. In: Karl Mannheim: *Wissenssoziologie.* Berlin/Neuwied 1964, S. 625–987, hier S. 634.

11 Nathaniel Branden, a. a. O., S. 299.

12 Ebd.

13 Ebd., S. 300.

14 Ebd., S. 297.

15 Pierre Bourdieu: *Die feinen Unterschiede. Kritik der gesellschaftlichen Urteilskraft.* Frankfurt am Main 1999 (Originalausgabe: *La distinction. Critique sociale du jugement.* Paris 1979).

16 Vgl. Thomas Saum-Aldehoff, a. a. O., S. 30–33, hier S. 32.

17 Erik H. Erikson: *Identität und Lebenszyklus.* Frankfurt a. M. 1966, S. 56.

18 Ebd., S. 150 f.

19 Ebd., S. 63.

20 Ebd., S. 92 f.

21 Ebd., S. 111.

22 Ebd., S. 116.

23 Ebd., S. 119.

24 Nathaniel Branden, a. a. O., S. 112.

25 Heiko Ernst: Ein neuer Blick auf das eigene Leben. In: *Psychologie Heute*, Juni 2002, S. 21–26, hier S. 26.

26 Nathaniel Branden, a. a. O., S. 303.

27 Ebd., S. 302–303-

28 Ebd., S. 117–121.

29 Christophe André, François Lelord: *Die Kunst der Selbstachtung.* Berlin 2002, S. 278.

30 Vgl. Hans-Werner Rückert: *Schluss mit dem ewigen Aufschieben. Wie Sie umsetzen, was Sie sich vornehmen.* 4. Auflage. Frankfurt a. M./New York 2001.

31 Vgl. Marco von Münchhausen: *So zähmen Sie Ihren inneren Schweinehund! Vom ärgsten Feind zum besten Freund.* Frankfurt a. M. 2002. Und: Marco von Münchhausen, Hermann Scherer: *Die kleinen Saboteure. So zähmen Sie die inneren Schweinehunde im Unternehmen.* Frankfurt a. M. 2003.

32 Vgl. Fachmagazin *Psychosomatic Medicine*, 09/2000, bzw. die entsprechende dpa-Meldung unter http://www.drogen-aufklaerung.de/texte/sachtext/sucht05_kn.htm#Sport.

33 Klaus Bachmann: Körper Intelligenz: Das motorische Wunder. In: *Geo*, Nr. 8./August 1999, S. 14–34, hier S. 24.

34 Vgl. Kuni Becker: *Die perfekte Frau und ihr Geheimnis.* Reinbek bei Hamburg 1994, S. 184 f.

35 Nathaniel Branden, a. a. O., S. 313.

36 Christophe André, François Lelord, a. a. O., S. 289 f.

37 Ebd., S. 290.

38 Ebd., S. 41.

39 Vgl. Marco von Münchhausen, a. a. O., S. 101–113.

40 Marco von Münchhausen, Hermann Scherer, a. a. O., S. 79 ff. Hier finden sich noch etliche Typen mehr, wir haben lediglich einige ausgewählt.

41 Vgl. Gollwitzer, P. M., & Wicklund, R. A. (1985). Self-symbolizing and the neglect of others' perspectives. *Journal of Personality and Social Psychology,* 48, 702–715. Und: Gollwitzer, P. M., & Wicklund, R. A. (1985). The pursuit of self-defining goals. In: J. Kuhl & J. Beckmann (Eds.), *Action control: From cognition to behavior* (S. 61–85). Heidelberg 1985.

42 Abraham Tesser: Toward a self-evaluation maintenance model of social behavior. In: Berkowitz, L. (Hrsg.), *Advances in experimental social psychology,* 1988, Bd. 21, S. 181–227, San Diego: Academic Press.

43 Nathaniel Branden, a. a. O., S. 331.

44 Wir greifen hier auch auf Anregungen von Max Eggert, einem englischen Psychologen und Karriereberater, und David Maister, einem amerikanischen Arbeitsforscher, zurück.

45 W. Sarges, in: R. Hossiep et al.: *Persönlichkeitstests im Personalmanagement.* Göttingen 2000. S. XVII.

46 John Major und Peter Solovery zit. nach Andreas Huber: *EQ – Emotionale Intelligenz.* München 1996, S. 28.

47 Robert J. Sternberg: *Erfolgsintelligenz. Warum wir mehr brauchen als EQ + IQ.* München 1998, S. 275–294.

48 Ebd.

49 Dale Carnegie: *Rede. Die Macht des gesprochenen Wortes.* Grünberg 1969, S. 32.

50 90 % der Befragten meinen, dass sie selbst wenig dafür tun können – das Gegenüber beurteile ja, wie es einen findet. Dennoch – viele Berufsgruppen wie Verkäufer, Moderatoren oder Politiker mobilisieren in professioneller Art die Sympathien ihres Gegenübers. Und wie man sich verhält, damit das Gegenüber einen augenblicklich herzlich unsympathisch findet, weiß man ja auch.

51 Wie bereits im vorigen Kapitel (vgl. Seite 156 ff.) beschrieben, macht bspw. die Körpersprache über 50 % Ihres Präsentationserfolges aus.

52 Nathaniel Brandon, a. a. O., S. 329.

LITERATUR

Christophe André, François Lelord: *Die Kunst der Selbstachtung.* Berlin, 2002

Kuni Becker: *Die perfekte Frau und ihr Geheimnis.* Reinbek bei Hamburg, 1994

Nathaniel Branden: *Die sechs Säulen des Selbstwertgefühls. Erfolgreich und zufrieden durch ein starkes Selbst.* München, 2002

Erik H. Erikson: *Identität und Lebenszyklus.* Frankfurt am Main, 1966

Ronald D. Laing: *Das geteilte Selbst. Eine existenzielle Studie über geistige Gesundheit und Wahnsinn.* Köln, 1994

Marco von Münchhausen: *So zähmen Sie Ihren inneren Schweinehund! Vom ärgsten Feind zum besten Freund.* Frankfurt am Main, 2002.

Marco von Münchhausen, Hermann Scherer: *Die kleinen Saboteure. So zähmen Sie die inneren Schweinehunde im Unternehmen.* Frankfurt am Main, 2003

Michaela Pfadenhauer: *Professionalität. Eine wissenssoziologische Rekonstruktion institutionalisierter Kompetenzdarstellungskompetenz.* Opladen, 2003

Hans-Werner Rückert: *Schluss mit dem ewigen Aufschieben. Wie Sie umsetzen, was Sie sich vornehmen.* 4. Auflage. Frankfurt am Main, 2001

Welche Tür führt Sie zum Erfolg?

Mit uns macht
Ihr Können
Karriere.

Das Büro für Berufsstrategie Hesse/Schrader bietet Ihnen individuellen Rat und professionelle Unterstützung rund um die Themen Beruf und Karriere. Unsere Seminare stärken und entwickeln Ihre persönlichen Kompetenzen – praxisnah und Gewinn bringend.

Beratung & Trainings

- Bewerbungsunterlagen
- Karriereplanung
- Bewerbungsstrategien
- Coaching
- Berufsorientierung
- Arbeitszeugnisse
- Potenzialanalysen
- Vorstellungsgespräche
- Outplacement
- Assessment Center
- Einstellungstests
- Arbeitszeugnis-Check
- Bewerbungs-Check

Seminare

- Rhetorik
- Präsentation
- Zeitmanagement
- Verhandlungsführung
- Telefontraining
- Mitarbeitergespräche
- Konfliktmanagement
- Moderieren
- Networking
- Selbstbewusstsein
- Akquirieren
- Führungskräftetraining
- Small Talk

Informationen unter
www.berufsstrategie.de
info@berufsstrategie.de
und in unseren Filialen:

**Büro für Berufsstrategie
Hesse/Schrader**

Oranienburger Straße 4-5
10178 Berlin
Telefon   030 / 28 88 57-0
Zentralfax 030 / 28 88 57-36

Niddastraße 52
60329 Frankfurt/Main
Telefon 069 / 74 30 48 70

Sophienstraße 41
70178 Stuttgart
Telefon 0711 / 6 15 49 41

Kurze Mühren 1
20095 Hamburg
Telefon 040 / 32 90 12 53

Landsberger Straße 302
80687 München
Telefon 089 / 90 40 57 80

Karriere-Gutschein

Mit diesem Coupon erhalten Sie einen Rabatt von 10 % auf

- Beratungen und Coachings
- Karriereseminare und Bewerbungstrainings
- Checks von Zeugnissen und Bewerbungsunterlagen

Pro Person kann nur ein Original-Gutschein geltend gemacht werden.
Bitte bei der Anmeldung zu einem Beratungstermin, Seminar oder Check
einsenden. Termine und Informationen unter www.berufsstrategie.de

Büro für Berufsstrategie
Hesse/Schrader
Die Karrieremacher.

www.berufsstrategie.de